CONVERSANDO SOBRE O LUTO

CIP-BRASIL. CATALOGAÇÃO NA PUBLICAÇÃO
SINDICATO NACIONAL DOS EDITORES DE LIVROS, RJ

S653c

Soares, Edirrah Gorett Bucar
  Conversando sobre o luto / Edirrah Gorett Bucar Soares, Maria Aparecida de Assis Gaudereto Mautoni. – São Paulo : Ágora, 2013.

  Inclui bibliografia.
  ISBN: 978-85-7183-116-2

  1. Perdas (Psicologia). 2. Luto - Aspectos psicológicos.
  I. Mautoni, Maria Aparecida de Assis Gaudereto. II. Título.

13-00003
CDD: 155.93
CDU: 159.942

www.editoraagora.com.br

Compre em lugar de fotocopiar.
Cada real que você dá por um livro recompensa seus autores
e os convida a produzir mais sobre o tema;
incentiva seus editores a encomendar, traduzir e publicar
outras obras sobre o assunto;
e paga aos livreiros por estocar e levar até você livros
para a sua informação e o seu entretenimento.
Cada real que você dá pela fotocópia não autorizada de um livro
financia o crime
e ajuda a matar a produção intelectual de seu país.

CONVERSANDO SOBRE O LUTO

Edirrah Gorett Bucar Soares
Maria Aparecida de Assis Gaudereto Mautoni

EDITORA ÁGORA

CONVERSANDO SOBRE O LUTO
Copyright © 2013 by Edirrah Gorett Bucar Soares e
Maria Aparecida de Assis Gaudereto Mautoni
Direitos desta edição reservados por Summus Editorial

Editora executiva: **Soraia Bini Cury**
Editora assistente: **Salete Del Guerra**
Capa: **Buono Disegno**
Imagem de capa: **LiTn/Shutterstock**
Projeto gráfico: **Alberto Mateus**
Diagramação: **Crayon Editorial**

2ª reimpressão, 2021

Editora Ágora
Departamento editorial
Rua Itapicuru, 613 – 7º andar
05006-000 – São Paulo – SP
Fone: (11) 3872-3322
http://www.editoraagora.com.br
e-mail: agora@editoraagora.com.br

Atendimento ao consumidor
Summus Editorial
Fone: (11) 3865-9890

Vendas por atacado
Fone: (11) 3873-8638
e-mail:vendas@summus.com.br

Impresso no Brasil

A todos aqueles que cederam os comoventes
depoimentos que contribuíram para a construção deste
livro. Aos clientes enlutados que nos ensinaram,
repetidas vezes, a ajudá-los no processo do luto.
Aos meus queridos pais, João Martins Gaudereto e
Francisca de Assis Gaudereto, falecidos em 2011 e em 1991.
E à minha sobrinha Thalita, que faleceu aos 14 anos.

MARIA APARECIDA

Ao meu querido pai, Juarez Bucar, falecido em 1983.

EDIRRAH

Este livro é dedicado aos enlutados,
familiares e profissionais da saúde que se
interessam pelo assunto luto.

AS AUTORAS

Se eu soubesse...

Se eu soubesse que seria a última vez
Que eu a veria adormecida,
Eu a apertaria mais estreitamente em meus braços
E pediria a Deus que guardasse sua alma.
Se eu soubesse que seria a última vez
Que a visse sair pela porta,
Eu a abraçaria e beijaria
E lhe pediria para repetir.
Se eu soubesse que seria a última vez,
Escutaria sua voz erguer-se em elogios,
Gravaria em vídeo cada ação e palavra
Para escutá-las de novo, dia após dia.
Se eu soubesse que seria a última vez,
Sobraria um minuto
Para parar e dizer "Eu te amo",
Em vez de supor que você soubesse o quanto te amo...
Se eu soubesse que seria a última vez,
Estaria presente para compartilhar o seu dia.
Mas, como tenho certeza de que haverá muitos mais,
Que importa que passe mais este...
Porque seguramente sempre haverá um amanhã
Que compense minha falta de visão,
Pois sempre nos darão uma segunda oportunidade
Para que tudo se arranje perfeitamente.
Sempre haverá outro dia
Para dizer "Eu te amo"
E seguramente haverá outra oportunidade
Para dizer "Posso te ajudar?"

Mas no caso de estar enganado,
E que hoje fosse o último dia,
Gostaria de dizer-lhe o quanto te amo
E Deus queira que nunca nos esqueçamos disso.
Ninguém tem a vida garantida
Nem os jovens, nem os velhos,
E talvez hoje seja nossa última oportunidade
De abraçar com força quem amamos.
De modo que, se você espera até amanhã,
Por que não fazê-lo hoje?
Porque se o amanhã nunca chegar
Você certamente lamentará o dia
Em que não teve tempo
Para sorrir, abraçar ou beijar,
E estava ocupado demais para dar a alguém
O que seria seu último desejo.
Portanto, abrace quem você ama hoje
E lhe sussurre
O quanto o ama
E que será para sempre.
Guarde um tempo para dizer "Sinto muito";
"Perdoe-me, por favor"; "Obrigado"; "Não se preocupe".
E se o amanhã nunca chegar
Você nunca lamentará o que fez hoje.

MARCELO RITTNER
(*Aprendendo a dizer adeus*, Planeta, 2004)

Sumário

Prefácio 11
Como surgiu a ideia de escrever este livro 13
Palavras introdutórias 15

1 Conversando sobre apego e perda 19
2 Conversando com os enlutados 25
3 Quando nossos familiares e amigos
  estão em luto: como ajudar os enlutados 43
4 O luto da criança: as crianças e o funeral 55
5 Falando de morte 63
6 Falando com profissionais de saúde:
  morte e luto no contexto hospitalar 73

Referências bibliográficas 93

Prefácio

O MATERIAL QUE chega agora às suas mãos é fruto de anos de trabalho e de experiências não só de profissionais, mas de pessoas comuns que, como todos os seres humanos, viveram a morte e o sofrimento e, juntas, se disponibilizaram a auxiliar aqueles que enfrentam situações semelhantes. Embora a morte, neste mundo que exige tantas certezas, seja a única que temos, com o passar do tempo ela se tornou um fenômeno tão mitificado e temido que passou a ser vista como algo que não pertence à existência humana, como se esta pudesse ser compreendida sem a consciência de que somos todos seres finitos.

Passar pela experiência do morrer é algo único. Cada um de nós a vivenciará de maneira absolutamente singular, pois nosso repertório pessoal nos fornecerá os elementos necessários para enfrentá-la. No entanto, é possível contar com o apoio, a solicitude e a presença cuidadora de pessoas que, de certa forma, nos ajudarão a lidar melhor com momentos de tanta angústia. Este livro se propõe a isso. Por meio de depoimentos, orientações e reflexões, ele nos faz perceber que a dimensão profunda de sofrimento, dúvidas e questionamentos que vivemos é comum a todo ser humano, que não estamos tão sós nessa luta. Longe de ter como objetivo ser um "manual de enfrentamento da morte", esta obra tem por objetivo apenas ajudar, pois vida e morte são, em essência, dimensões simples da existência. A complexidade, na maioria das vezes, está na nossa dificuldade de lidar com sentimentos e emoções que fazem parte de nosso ser, mas dos quais este mundo tão impessoal e artificial nos distanciou.

EDIRRAH GORETT BUCAR SOARES
MARIA APARECIDA DE ASSIS GAUDERETO MAUTONI

Deixo com você, leitor, este livro – fruto de carinho, dedicação e respeito ao ser humano –, na esperança de que possa realmente ajudá-lo.

RICARDO WERNER SEBASTIANI
PSICÓLOGO, PSICOTERAPEUTA E PROFESSOR UNIVERSITÁRIO

Como surgiu a ideia de escrever este livro

Conhecemo-nos na sala de aula do curso básico em psicologia hospitalar. Eu, como professora; Maria Aparecida, como aluna. Quando comecei a falar sobre o tema "morte", ela se destacou entre os alunos, demonstrando muito conhecimento sobre o assunto, o que não era esperado em um curso daquele tipo. Ao término da aula, começamos a conversar e ela me propôs um encontro para que pesquisássemos o tema. Passamos a nos encontrar para estudar e começamos a trocar ideias, a ampliar nosso conhecimento e até a compartilhar sentimentos. Consideramos fundamental dividir experiências – principalmente porque somos profissionais que convivem com a morte do outro e, em consequência, com a perda. Assim, foi da nossa experiência de atendimento a enlutados e dos nossos encontros que surgiu a ideia de escrever este livro.

Sempre ouvimos dos enlutados frases como "Estou ficando louco" e "Eu nunca mais vou me recuperar", e seus familiares nos perguntam o que podem fazer para ajudar seus entes queridos que sofrem com a perda. Percebemos, também, que os profissionais da área da saúde muitas vezes abandonam seus pacientes – rejeitando-os ou reduzindo as visitas àqueles em fase terminal – por não saberem lidar com a morte. Infelizmente, as universidades só ensinam a tratar e a curar.

Por esse motivo, sentimos que faltava um livro como este. Esperamos que ele possa ajudar tanto os enlutados quanto seus familiares e os profissionais da saúde que, com a perda de seus pacientes, passam por um processo de luto.

EDIRRAH GORETT BUCAR SOARES

Palavras introdutórias

Desde pequenos ouvimos de nossos pais, professores e parentes que a morte é algo ruim. Quantos familiares e amigos morreram e não nos foi dada permissão para participar do velório e do enterro? Em tese, o objetivo era nos poupar do sofrimento que a morte causa. Poucas vezes nos deram a oportunidade de perguntar por que os adultos estavam chorando. Diziam-nos, quando nos era permitido perguntar, que não era nada, que criança não precisava saber dessas coisas de adulto.

Quando alguém pronunciava a palavra "morte", tentávamos entender o que ela significava e, mais uma vez, ficávamos sem receber explicações. Quando um familiar morria, nos diziam: "Ele foi fazer uma viagem bem longa". Ou, ainda, "Papai do Céu levou". Porém, percebíamos que quem viajava voltava, enquanto aquele que morria nunca retornava. Quanto mistério, quantas interrogações, quantas fantasias as crianças faziam e fazem até hoje sobre a morte! Tudo isso em função da dificuldade dos adultos de lidar com esse fato que é próprio dos seres vivos, que é inevitável e do qual não temos como fugir, pois a única certeza que temos na vida é a de que um dia vamos morrer.

Em pleno século 21, são poucos os pais que conseguem dizer a seus filhos que a morte é inevitável e irreversível. Os educadores também demonstram dificuldades de explanar em sala de aula o assunto morte. Às vezes, um coleguinha morre e as crianças nem ficam sabendo – ele simplesmente não retorna à escola. As crianças de hoje continuam sendo poupadas do sofrimento. Não lhes é dada permissão para expressar seus sentimentos nem para elaborar a morte do próprio colega.

Até nos hospitais o assunto é tabu. Quando alguém morre, retira-se o falecido do leito, leva-se o corpo para o necrotério e não se comenta mais o assunto. Caso haja um colega de quarto, este é deixado sozinho com seus pensamentos e, na maioria das vezes, fica imaginando: "O próximo poderei ser eu". A palavra "morte" é tão pouco usada nos hospitais que quando alguém morre os profissionais da saúde dizem: "Ele foi a óbito", "Ele parou". Expressar sentimentos pela morte do ente querido é típico das classes menos favorecidas. Já a classe média alta faz uso de medicação para superar esse momento. Mas engana-se quem acha que a medicação vai aplacar a dor da perda; no máximo, adia-se o luto.

E o que é luto, essa palavra também pouquíssimo usada? Antigamente, estar de luto significava vestir roupa preta ou usar uma tarja preta em homenagem ao ente querido que partira. Os estabelecimentos comerciais eram fechados e um pano preto era colocado na porta das lojas. Hoje isso já não existe – o luto deve ser curto, pois em nossa sociedade não é permitido lamentar-se, sofrer ou chorar pelo morte. E o tempo todo o que se ouve é: "A vida continua".

No meio acadêmico, a palavra é também pouco utilizada. A literatura sobre luto restringe-se aos profissionais que demonstram interesse pelo tema. Por esse motivo, resolvemos escrever um livro direcionado para os enlutados e seus familiares, que em geral têm pouco acesso à literatura e, quando o têm, encontram uma linguagem muito técnica. Trata-se também de uma obra para profissionais da saúde que, diante dos enlutados, sentem-se perdidos, incapazes de orientá-los. A linguagem simples e direta é proposital, pois o livro aborda assuntos naturais à existência das pessoas (sejam elas profissionais da saúde ou não). Aqui é oportuno mencionarmos uma história narrada no livro *A criança voluntariosa* (Dobson, 1981).

A história conta que um homem pilotava seu pequeno avião em direção a um aeroporto do interior. Ao chegar a seu destino, notou que o sol acabara de se pôr. Quando manobrou o avião para aterrissar, não conseguiu ver nada na semiescuridão embaixo. Seu avião não tinha faróis e não havia ninguém no aeroporto para orientá-lo. Caiu a noite e o piloto circulou nas trevas por horas, sabendo que a morte chegaria quando o combustível terminasse. Quando o pânico estava prestes a dominá-lo, um milagre aconteceu. Alguém que estava em terra ouviu o ronco contínuo do motor e percebeu o dilema do piloto. Essa pessoa misericordiosa percorreu, de carro, toda a extensão do campo para mostrar-lhe a posição da pista e depois estacionou o carro, com as luzes acesas, na ponta do campo, iluminando a pista enquanto o avião descia.

Essa história nos faz querer estar no lugar da pessoa misericordiosa citada por Dobson. E acreditamos que, com este livro, poderemos ajudar a iluminar o caminho da elaboração do luto das pessoas que estão na escuridão e dar pistas sobre o caminho aos enlutados, a suas famílias e aos profissionais da saúde que lidam com o luto.

Portanto, este livro objetiva ser esse pequeno farol que auxilia o piloto na sua aterrissagem – foi o piloto quem conduziu o avião e o aterrissou sozinho. O luto é um processo solitário e individual, mas sem dúvida uma pista iluminada não só ajuda como oferece mais segurança no delicado pouso.

Procuramos escrever uma obra prática, pois teoria e prática andam juntas. Queremos também oferecer-lhes uma compreensão sobre o percurso do luto, bem como ajudá-los a exprimir seus sentimentos e apresentar sugestões para lidar com o luto à sua maneira e proteger sua saúde física e mental durante o processo.

AS AUTORAS

1 Conversando sobre apego e perda

A perda de uma pessoa amada é uma das experiências mais intensamente dolorosas que o ser humano pode sofrer.

BOWLBY

PODEMOS LAMENTAR O fim da infância, da juventude, a saída de um filho de casa para estudar, o fim de um relacionamento, a perda da saúde, a morte de um ente querido, o fim de uma amizade especial ou de uma ideia que não foi concretizada. Cada vez mais chegamos à conclusão de que os indivíduos, ao enfrentar essas ou outras perdas, expressam sua dor de diferentes formas. A dor será proporcional ao significado da perda e dependerá da ligação afetiva construída em um relacionamento amoroso, com um objeto, com um animal de estimação ou uma pessoa que já morreu.

Apego

"LIGAÇÃO AFETIVA", "LAÇO AFETIVO" ou "comportamento de apego" são termos utilizados para designar a intensidade da relação com a figura perdida. Segundo Ainsworth (*apud* Bee e Mitchell, 1986), a "ligação afetiva" pode ser definida como "um elo emocional entre duas pessoas". Nela, buscam-se proximidade e contato com uma figura específica, que pode ser outra pessoa, um objeto ou um animal de estimação, por exemplo.

Quanto ao apego, Bowlby (1990) se refere a ele como um comportamento instintivo, decorrente da busca constante de proteção, segurança e sobrevivência da espécie. Apegar-se pode ser definido como o ato de: prender-se, aderir-se, apegar-se a algo ou alguém. O apego não deve ser confundido com dependência. Segundo Bowlby, ao nascer, o bebê depende da mãe para sobreviver e, conforme cresce, adquire independência. O apego, portanto, constrói-se com confiança, segurança e amor.

As crianças vivem um processo de apego à mãe nas fases iniciais do desenvolvimento, pois necessitam de um cuidador para alimentar-se, vestir-se, tomar banho etc. Com o passar dos anos, os pequenos diminuem gradualmente os laços de dependência materna, pois alargam seus relacionamentos, exploram outros ambientes, têm contato com familiares, vizinhos e com a escola. Isso é importante para que as crianças desenvolvam o processo de desapego e sejam capazes de criar projetos de vida próprios. Saber desapegar lentamente é necessário para evitar um sofrimento maior, quando acontecer a perda ou separação do objeto de amor. O desapego com amor possibilita a aceitação da perda.

Talvez você esteja se perguntando agora se é saudável desenvolver apego pelo outro. Lembre-se de que o apego faz parte da sobrevivência da espécie humana e assegura sua continuidade. Já nascemos fazendo parte de um grupo, de uma sociedade, de uma família; sendo assim, precisamos do apego para sobreviver.

Perda

Dando continuidade ao pensamento de Bowlby, o pesar pela morte de uma pessoa amada dependerá da formação de apego, do vínculo afetivo construído no decorrer da vida. Pesar é a reação emocional à perda, sentida em seus primeiros momentos.

Pode assumir muitas formas, que vão da negação da perda ao sentimento de raiva da pessoa morta. Para compreender esses sentimentos é interessante citar Kübler-Ross (2004, p. 70), que de forma célebre escreveu: "Se você verdadeiramente quer aprender e crescer, é preciso compreender que o universo o matriculou no programa de pós-graduação da vida, que se chama perda".

A perda é uma condição permanente da vida humana. A primeira e mais dolorosa separação é o nascimento, sendo a última a morte (Simons apud Pangrazzi, 1998). Nesse sentido, na concepção de Simons, o nascimento equivale a uma espécie de expulsão do paraíso. Afinal, a criança está em um ambiente protetor, seguro, aconchegante e, de repente, é lançada ao mundo. Explica Viorst (2001) que quando nascemos somos lançados ao mundo sem apartamento, cartão de crédito, emprego ou carro. Quando bebês, mamamos, choramos e nos agarramos indefesos. Para a autora, nossa mãe se interpõe entre nós e o mundo, protegendo-nos da ansiedade arrasadora. Nos primeiros anos de vida, não temos nenhuma necessidade maior do que a dos cuidados maternos.

O sofrimento é uma reação universal à perda de uma figura de vínculo, mesmo que as manifestações desse sofrimento sejam culturalmente determinadas. A qualidade do vínculo estabelecido primariamente determinará os vínculos futuros e os recursos disponíveis para o enfrentamento e a elaboração dos rompimentos e perdas (Bowlby, 1990). Nem todas as perdas desencadeiam o luto, pois este demanda um vínculo afetivo. Quando vivenciamos perdas, entramos em processo de luto, podendo até mesmo as menores ter enorme impacto em nossa vida. Todas as perdas são dolorosas, mas algumas nos afetarão mais do que outras. No caso de grandes perdas, as pessoas podem levar até anos para se recuperar, e no entanto isso não as impedirá de enfrentar outras perdas. Tomemos como exemplo relatos dos participantes do grupo de enlutados que acolhemos na Associação de Combate ao Câncer de Goiás. Denominado "Grupo Pós-Óbito", ele é direcionado a familiares que foram atendidos no Grupo de Apoio Paliativo ao Paciente Oncológico (Gappo)[1].

No período de um ano e meio, uma das participantes perdeu três irmãos, uma sobrinha e a filha, que morreu de câncer. Essa mulher lutou contra a doença da filha por dez anos. "Sofri muito com todas as perdas, mas não há dor maior que a da perda da minha filha", diz.

Outra participante perdeu vários familiares em menos de um ano. O irmão morreu de enfarto: "A morte do meu irmão foi e continua sendo muito difícil. Ele era como um pai para mim". Depois, a mulher perdeu o esposo em um assalto. Segundo seu relato, não houve tanto sofrimento, pois eles estavam separados havia dois anos. Algum tempo depois, ela perdeu a irmã e a cunhada, que estavam doentes. "Tem hora que saio de mim e pergunto: meu Deus, será que estou ficando louca?", desabafa.

Diante desses relatos, devemos ter em mente que essas pessoas vivenciam o que chamamos de múltiplas perdas, que as expõem a uma carga extraordinária de dor emocional. Com múltiplas perdas, o processo do luto se torna em geral mais doloroso.

Não há dúvida de que todas as perdas significativas são dolorosas e de que algumas nos afetarão mais do que outras. Desorientação, choque e medo de enlouquecer são reações frequentes nos enlutados. A dor e a perda são experiências das quais não falamos o bastante, sendo a recuperação mais difícil

1. O grupo é coordenado por Edirrah Gorett Bucar Soares.

quando reprimimos os sentimentos, por pensarmos que há algo errado com reações perfeitamente naturais. O melhor apoio costuma vir de outras pessoas que, como nós, tenham sentido a dor da perda. Ouvir histórias daqueles que passaram pelos mesmos processos e superaram a dor é importante para percebermos que também vamos sobreviver. Nem mesmo a pior das perdas representa o fim da vida. Lembre-se: se essas pessoas estão sobrevivendo a todas essas perdas, você também sobreviverá.

2 Conversando com os enlutados

Quando a tristeza perde a fala, sibila ao coração, provocando de pronto uma explosão.

SHAKESPEARE

As palavras de Shakespeare nos fazem entender que verbalizar palavras de pesar, falar da dor da perda – isto é, expressar livremente os sentimentos quando perdemos aquilo que amamos – ajudará a minimizar o luto.

O que é luto?

De acordo com Longaker (1998, p. 238) a palavra "luto" (*bereavement*) se refere ao estado emocional de estar *bereft*, palavra cuja raiz significa "ser despojado de" ou "ser rasgado". Sentir-se "rasgado", despedaçado, como se a dor jamais fosse passar, é uma emoção frequentemente encontrada em indivíduos que perdem entes queridos. Segundo Gauderer (1991), o luto é um processo doloroso, porém normal, pelo qual precisamos passar para recomeçar uma nova vida.

Como se dá o processo do luto?

Worden (1998) afirma que o luto é considerado um processo e não um estado. Ou seja, trata-se de uma fase de transição, que não vai durar para sempre. É importante ressaltar que o processo de restauração tem avanços e recuos. Ele é cheio de altos e baixos. As pessoas enlutadas sempre dizem que há dias melhores e outros piores. A recuperação demanda tempo, atenção e esforço. Leve sempre em conta que dias bons e dias ruins fazem parte do processo do luto.

Reações comuns do luto

Para saber se você está passando por luto, fique atento às reações mais comuns desse processo.

REAÇÕES FÍSICAS

Respiração curta e falta de ar, boca seca, dor física, gemidos, tensão muscular, menor resistência a enfermidades, hipertensão arterial, alteração do sono (falta ou excesso), mudança de apetite (perda ou ganho de peso) e perda da força física. Por isso, é muito comum que os enlutados digam: "Sinto-me fraco, qualquer coisa me cansa"; "Eu engordei muito" ou "Perdi muitos quilos"; ou ainda "Eu tinha uma excelente saúde" e "Fui ao médico e meus exames estão todos alterados".

REAÇÕES EMOCIONAIS

Choque, negação, desespero, tristeza, sensação de estar perdido, falta de paz interior, confusão, culpa, falta de esperança, raiva, irritação, euforia, sensação de abandono, vingança, rancor, ressentimento. Os enlutados também comentam sentir inveja daqueles que não estão vivenciando o luto. Tomemos como exemplo pais que perderam os filhos ainda pequenos e veem outros pais buscando os filhos na porta da escola: imediatamente surge o sentimento de inveja, de impotência por não mais poder vê-los, tocá-los ou abraçá-los. A mãe que perdeu a filha adolescente e foi convidada para a festa de 15 anos da filha de uma amiga comentou: "É inveja mesmo, não tem outro nome para isso". Parkes (1998, p. 235) cita a fala de uma viúva: "Não posso ver um casal sem pensar: por que foi acontecer comigo?"

REAÇÕES COMPORTAMENTAIS

Busca constante da pessoa morta, falta de concentração, desorientação, preocupação, busca de solidão, apatia, choro, agitação e esquecimento de fatos corriqueiros. Palavras de enlutados: "Me esqueço de tudo, como chave, documentos, anotações importantes e compromissos". Segundo Deits (2001), o luto se assemelha a um curto-circuito no organismo. Para o autor, trata-se de um mecanismo protetor que permite que nossos recursos emocionais se fortaleçam para a difícil tarefa que é a recuperação. É como se de alguma forma "poupássemos" parte de nossa energia para conseguirmos lidar com o luto.

REAÇÕES SOCIAIS

Isolamento social, isto é, afastamento das pessoas (amigos, colegas de trabalho, parentes), dificuldade de interagir com o outro e perda de interesse pelo mundo externo – como recusar convites para festas. É muito comum os enlutados nos dizerem que, quando aceitam algum convite apenas para agradar os outros, em geral sentem fadiga, tensão e irritação, só se sentindo melhor quando retornam para casa.

REAÇÕES ESPIRITUAIS

Alguns enlutados manifestam perda da fé (afastamento da religião) ou, ao contrário, aproximação de Deus (busca constante dele para tentar compreender a perda). Entre as falas mais comuns de enlutados estão: "Encontrei conforto na religião" e "Perdi a fé em Deus". Várias dessas reações estão descritas na literatura e, segundo Worden (1998), obviamente variam de pessoa para pessoa.

Tanto os enlutados quanto seus amigos e parentes precisam entender que a perda provoca uma vasta gama de reações, que são consideradas naturais. É bom lembrar: nenhuma reação é melhor ou pior. Uma pessoa não é mais fraca porque chorou demais, e se chorou pouco não significa que sentiu menos a perda. Cada um tem uma maneira de expressar a dor. Não há sentimentos certos ou errados.

ATENÇÃO
Aceite todos os seus sentimentos para ficar bem consigo mesmo.

Pare e olhe para dentro de si. Se você está passando por um luto recente, tente se lembrar: como você estava no dia em que recebeu a notícia da perda? E no dia seguinte? E uma semana ou um mês depois de saber? Como você está hoje? A mente das pessoas em luto recente fica tal qual uma torneirinha estragada, exemplo que costumamos dar aos enlutados que acompanhamos. A torneirinha estragada pinga água ininterruptamente, e ouvir esse gotejar é perturbador. Aquele que acaba de vivenciar a perda passa 24 horas por dia pensando no ente querido que se foi ou naquilo que perdeu.

LEMBRE-SE
Você NÃO está enlouquecendo, isso é considerado natural. Vai passar!

A dor do luto é universal. Parkes (1998) ressalta que o ser humano tem reações diferentes ao elaborar o luto, pois elas dependem do significado da perda, que pode variar em intensidade e grau, afetando ou não as relações pessoais e sociais. A superação da dor e a recuperação do equilíbrio demandam MUITA PACIÊNCIA.

No entanto, é importante entrar em contato com a sua dor, mesmo que familiares e amigos exijam uma recuperação rápida, com colocações do tipo: "Já passou tanto tempo, reaja! Outras pessoas do seu convívio precisam de você!"

LEMBRE-SE
Não apresse a sua recuperação somente porque as pessoas querem. Quanto mais significativa for a sua perda, maior será a sua dor.

Tomemos como exemplo uma jovem que, depois de quatro meses da morte da avó, não apresentava nenhum sinal de recuperação. Estava sempre triste, chorando, isolada, querendo só ficar no quarto com a porta e as janelas fechadas, preocupando a todos. Os familiares questionavam: "Por que ela não reage à perda como os outros netos?" Quando perguntamos à neta como a avó morrera e como era a ligação entre elas, a jovem respondeu que a avó falecera de morte súbita. E completou: "Foi ela quem me criou, ela foi minha mãe e minha avó". Depois desse depoimento, ficou bem claro para nós que, além do fato de a morte da avó ser inesperada (o que pode demandar mais tempo de recuperação), a ligação afetiva construída entre as duas era mais forte que a desenvolvida com os demais membros da família.

Segundo especialistas, a intensidade do luto é proporcional à força do apego. Portanto, um dos fatores que influenciam a intensidade do luto é a profundidade da relação com a pessoa morta, como vimos no caso da jovem que perdeu a avó. Ela sofria à sua maneira. Deits (2001, p. 79) cita quatro premissas essenciais que podem ajudar os enlutados a controlar sua dor:

> A melhor forma de sair da dor é ultrapassando-a.
> O pior tipo de dor é a sua.
> A dor é um trabalho difícil.
> Trabalhar eficazmente a dor é algo que não se deve fazer sozinho.

Fala de uma mãe: "Sinto muita tristeza por causa da morte do meu filho. Sinto dor, sinto ansiedade, palpitação. Sinto falta de tê-lo dentro de casa. Preciso me libertar dessa dor que dá no coração da gente, dor de angústia, dor de saudade". Portanto, sentir a dor da perda, sentir desolação e sofrimento é importante para a elaboração do luto.

Não chorar faz um mal danado

As lágrimas... elas descem e eu as deixo fluir como convém, fazendo delas uma almofada para o meu coração. Nelas, ele descansou.
SANTO AGOSTINHO

Não tente agradar as pessoas que lhe pedem para não chorar; as que fazem esse pedido em geral estão incomodadas com a sua dor. Não esconda dos outros suas lágrimas, pois elas não são sinal de fraqueza. Os homens, principalmente, quando crianças escutam dos pais: "Homem de verdade não chora"; "Homem que é homem não chora"; "Segura o choro, menino!"; "Vira homem, menino!" Os homens costumam prantear seus mortos afastados da família, como se fosse proibido expressar sua dor. Sobre isso Perls, Hefferline e Goodman (1998, p. 85) comentam: "Quando uma pessoa amada morre, há reações regulatórias do próprio organismo, tais como chorar e ficar de luto, que ajudam a restaurar o equilíbrio, se ao menos permitirmos que o façam". Permita-se chorar quando tiver vontade – você se sentirá melhor.

Worden (1998) ressalta que chorar sozinho pode ser útil, mas talvez não seja tão eficaz quanto chorar com alguém e receber apoio. O autor afirma também que apenas chorar não é suficiente para elaborar o luto: é necessário receber ajuda para identificar o significado das lágrimas, significado esse que mudará no decorrer do processo do luto. Já Rossi (1991, p. 110) afirma que a "tristeza é a razão número um para o choro, seguida por alegria, raiva, desespero, ansiedade, medo".

Pesquisadores da Universidade de Minnesota que estudam o choro nos adultos descobriram dois importantes neurotransmissores nas lágrimas que indicam que chorar pode ser um escape químico para reduzir o estresse emocional. Em geral, as pessoas sentem-se melhor após chorar. Foi o que demonstrou a pesquisa de Frey (*apud* Rossi, 1991), professor de psiquiatria dessa universidade. O estudo comprovou também que as mulheres choram cinco vezes mais que os homens.

É muito comum atendermos enlutados que afirmam:

> "Não choro mais perto das pessoas; quando sinto vontade de chorar, seguro o pranto ou me isolo para chorar sozinho."
> "Incomodo as pessoas com o meu choro, não choro mais perto delas."
> "Se não choro, fico pior, começo a ter dores no corpo, uma sensação de aperto no peito."

> "Acho que não chorei o bastante porque as pessoas não me deixavam chorar. Deram-me remédio e ele parece abafar o choro."
> "Parece que o remédio não deixa a gente chorar, eu sinto aquela angústia, um aperto, e quando choro melhora um pouco."

Toda emoção reprimida causará, em longo prazo, um dano mais intenso em nosso eu interior, relata Olino (1997). Lembre-se: as lágrimas são expressões de sentimentos e não de fraqueza.

"Se os meus pais não choram pela morte de minha irmã, como posso chorar também?" – fala de uma criança citada por Bowlby (1993).

LEMBRE-SE
Não chorar é um comportamento inadequado que pode colocá-lo numa situação de risco, tanto físico quanto emocional.

É preciso medicação para me recuperar?

MUITAS PESSOAS TÊM O costume de colocar no bolso um remedinho para ir ao velório, com a intenção de dar às pessoas enlutadas caso elas estejam emocionalmente abaladas.

Existem aquelas que se automedicam durante o processo do luto. Os médicos também costumam prescrever tranquilizantes ao contar que seu ente querido faleceu. Há, ainda, enlutados que chegam ao consultório depois de uma perda significativa verbalizando não suportar mais a dor e pedindo um medicamento para aliviar o sofrimento. Alguns médicos receitam remédios sem fazer uma avaliação detalhada do paciente. Acham que assim o estão ajudando, mas na verdade contribuem para dificultar o processo do luto. De acordo com D'Assumpção (2001), dopar uma pessoa muitas vezes atende mais à necessidade dos outros do que dela própria. A medicação é indicada em casos especiais e sua prescrição deve ser decidida pelo psiquiatra.

LEMBRE-SE
A medicação interfere no processo do luto e deve ser evitada. Porém, se os sintomas de depressão persistirem, é preciso consultar um especialista para avaliar se psicofármacos se fazem necessários. O psiquiatra é o profissional mais qualificado para fazer essa avaliação.

Respondendo a perguntas frequentes dos enlutados

É NORMAL SENTIR RAIVA?

Sim! É natural sentir raiva de si mesmo, por não ter evitado a perda (separação ou morte). É natural, também, projetar a raiva em quem se acredita ter provocado a morte do ente querido. Segundo Kübler-Ross e Kessler (2004, p. 143) "a raiva reprimida não evapora simplesmente, ela se transforma em uma questão inacabada. A raiva é um sentimento que deveria ser vivenciado e não julgado". Como explica uma viúva: "Eu tenho muita raiva dele porque ele me deixou na mão". Sentir raiva faz parte do processo de luto. Diz Bowlby (*apud* Littoral, 1999, p. 123): "O enlutado só faz demandas insensatas ou, então, parece não saber o que quer: torna-se frequentemente irritável e ingrato com aqueles que tentam ajudá-lo". O que faz mal é usar a raiva de forma destrutiva; muitas vezes surgem discussões insensatas com amigos ou familiares das quais os enlutados, mais tarde, tendem a se arrepender.

É NORMAL SENTIR CULPA?

Sim! A culpa é sempre dirigida a alguém. A você mesmo, ao hospital, ao médico, à demora do diagnóstico etc. É natural sentir culpa, mas até certo ponto. O remédio para a culpa é perdoar a si mesmo e aos outros. De forma célebre Cury (2002, p. 36) nos ensina que, "se você não aprender a perdoar os outros, obstruirá a sua inteligência. E, se não aprender a perdoar a si mesmo, será aprisionado com uma das mais angustiantes algemas: a do sentimento de culpa". Nessa direção, Longaker (1998, p. 245) explica que, "embora sentir alguma culpa seja natural, o perigo é ficar preso a ela, nos aprisionando no passado. A culpa não resolvida nos impede de realizar o luto e de nos desapegarmos do nosso ente querido, e de seguirmos em frente com a nossa vida".

É NORMAL SENTIR A PRESENÇA DO MORTO?

Sim! É natural sentir seu perfume e perceber o som de sua respiração e de sua voz. Alguns enlutados relatam estar andando na rua e achar ter visto a pessoa que morreu. Também é comum as pessoas que cuidaram do ente querido, que faleceu depois de um longo período da doença, contarem ter ouvido a pessoa morta chamando ou gemendo, ou que a viram nitidamente deitada na cama. Parkes (1998), grande estudioso do assunto, diz que tais sentimentos podem ser assustadores, mas não são sinais de loucura. Segundo ele, trata-se de alucinações hipnagógicas, isto é, um estado de transição entre a vigília e o sono e vice-versa – alucinações que, em sua percepção, não são indicadores de nenhum distúrbio mental. Portanto, é importante saber que isso é natural nas fases iniciais do luto e vai passar.

É NORMAL PRECISAR DO APOIO DOS OUTROS?

Sim! É natural. Deixe que as pessoas cuidem de você. Peça compreensão e apoio a parentes, amigos, vizinhos e colegas de trabalho. O sofrimento é doloroso e nos enfraquece. Ser cuidado por pessoas que o amam só lhe fará bem. Não se isole da vida. Além de contar com familiares e amigos, cerque-se de outros seres vivos. Pode ser um aquário com peixes de várias cores, um gato, um cachorro. Os animais de estimação dão vida a qualquer ambiente. Uma mãe enlutada que recebeu essa orientação disse: "Eu comprei uma cachorra e ela alegrou tanto o ambiente que até a vizinha percebeu e veio me falar. Dei a ela o nome de Vida, pois quando chego em casa ela pula em mim, brinca comigo o tempo todo. Ele realmente deu vida à nossa casa".

É NORMAL QUERER MUDAR DE CASA OU ME DESFAZER DE PERTENCES?

Sim! É muito comum que pessoas em luto recente queiram vender propriedades, mudar de casa, de cidade, de estado ou até mesmo de país. Trocam de emprego, de carreira, modificam bruscamente o estilo de vida. De acordo com Longaker (1998), essas ações impulsivas são chamadas de "loucura do primeiro ano".

Observamos, com a prática, que tempos depois os enlutados manifestam arrependimento por seus atos. Como verbaliza uma viúva muitos anos após a perda do marido: "Quando vendi minha casa, não tive ninguém para me demover dessa ideia. Hoje estou arrependida do que fiz, pois não tenho onde morar".

Devemos, então, aconselhar as pessoas em luto a adiar quaisquer decisões importantes até pelo menos o primeiro aniversário da morte do ente querido.

É NORMAL OLHAR O TEMPO TODO PARA A FOTOGRAFIA DA PESSOA QUE SE FOI?

Sim! É uma forma de manter viva a lembrança do morto. Olhar a fotografia do falecido ajuda a exteriorizar a dor reprimida. Worden (1998) explica que aquele que se recusa a ver a foto da pessoa que morreu ou se livra das coisas dela pode estar manifestando um modo não saudável de lidar com a situação. Raimbault (1979, p. 180) diz que "a foto simboliza a ausência e a presença". Quando brincamos de esconde-esconde com bebês, nós os ajudamos a simbolizar o ser e o não ser. Essa brincadeira ajuda as crianças a lidar com o próprio medo de aparecer e desaparecer. Portanto, reviver momentos agradáveis olhando os registros de família, como fotografias e filmes, faz que a dor da ausência seja minimizada.

Consulte seu coração. Se sentir vontade, olhe. Se não, espere pelo momento em que se achar preparado.

É NORMAL ME REVOLTAR CONTRA DEUS?

Sim! A notícia de que um ente querido morreu (de morte esperada ou súbita) abala a fé, a confiança em Deus. O Pai todo--poderoso agora é duvidoso (D'Assumpção, 2001). Conta uma jovem que perdeu a irmã em um acidente: "Não tenho mais fé, sempre rezei pedindo proteção e Deus me traiu, levando minha irmã". Outras frases comuns: "Sinto-me traída por Deus. Ele não ouviu minhas preces e me abandonou". Para aqueles que estão amargurados com Deus, uma forma de demonstrar a raiva é abandonar as orações, deixando de ir à igreja ou de rezar. Já para outros a presença de Deus é reforçada. Dizem eles: "Se não fosse a fé que tenho em Deus, eu não sobreviveria".

Portanto, assim como alguns se revoltam contra Deus, outros utilizam a fé como apoio para suportar a dor. D'Assumpção

(2001, p. 36) explica que "a verdadeira fé nos leva à compreensão de que o sofrimento não é uma imposição de Deus, um ato de vingança ou de cobrança exercido por alguém cujas forças superam infinitamente as nossas".

Sinais de alerta: quando procurar ajuda

SE VOCÊ VIVENCIAR QUALQUER um dos sintomas abaixo, procure ajuda. Mas fique atento, pois esses sinais variam de um indivíduo para outro e nem todos estão na lista a seguir.

> Pensamentos suicidas persistentes por mais de dois meses após uma perda significativa.
> Abuso de substâncias – de calmantes ou comprimidos para dormir a álcool e outras drogas.
> Depressão constante, histórico de depressão ou de qualquer outro transtorno de saúde mental.
> Sentimentos excessivos de culpa e raiva, persistência de luto intenso, sempre descontrolado ou tenso, e negação contínua da realidade da perda.
> Perdas consecutivas.
> Apoio familiar nulo ou insuficiente.
> Episódios de pânico.
> Sintomas físicos de duração prolongada.

Onde procurar ajuda

VOCÊ PODE PROCURAR AJUDA de psiquiatras, de psicólogos e de grupos de apoio, também chamados de grupos de autoajuda. Em todos os casos, é essencial conhecer o histórico do profissional ou do grupo, certificando-se de que tenha conhecimento do assunto e qualificação para tal. Lembre-se: a maioria das perdas não exige psicoterapia, mas a ajuda de um profissional, em alguns casos, pode ser útil e necessária.

Como saber que o luto terminou?

O EX-JOGADOR E TÉCNICO de beisebol Yogi Berra disse certa vez que "um jogo não acaba antes de ter acabado". É assim com o processo de recuperação depois de uma perda difícil. Acabou quando acabou (Deits, 2001). É difícil precisar a duração exata do processo de luto. A literatura mostra que o luto pode persistir por seis meses a dois anos. Se considerarmos o luto de uma viúva que ficou casada 40 anos ou mais, ele durará entre três e cinco anos (Parkes, 1998).

O luto termina quando
> Você consegue falar da perda sem que as emoções sejam exageradas.
> A perda tem significado de mudança.
> É possível falar da pessoa morta sem dor nem mágoa.
> O morto é lembrado com saudade, mas sem dor.
> O sobrevivente reencontra a paz, sente vontade de reconstruir sua vida, faz projetos e reconhece o crescimento pessoal que a perda provocou.

Todos esses são indicadores de que o luto está resolvido. É bom lembrar: o ente querido permanece vivo na memória.

Relata um pai que perdeu o filho aos 23 anos de idade em um acidente de trem:

Nunca pensei em dar conselhos sobre como uma pessoa deve se comportar diante de um sofrimento como o meu, que julgo ser o maior que um ser humano possa suportar. Mesmo sabendo que a dor é diferente de uma pessoa para outra, aqui vão algumas sugestões para se sofrer menos durante o luto, as quais estão sendo úteis para mim:

O ser humano está pronto para suportar qualquer sofrimento, desde que consiga ver nele um significado.

Nunca deixe de expressar sua dor. Chore quando tiver vontade, pois se não o fizer ficará deprimido.

Se os mistérios da vida e da morte nos impedem de entendê-los, pelo menos vivamos com ética e sejamos caridosos.

Não deixe de fazer as coisas de que gosta, embora a dor pela falta do ente querido seja evidente.

Neste mundo não há nada que persista para sempre, tudo muda. Como nada é permanente, também nossa dor um dia cessa.

A morte pode nos surpreender a qualquer instante, por isso não deixe de expressar seu amor e sua gratidão.

O que não consegue nos destruir nos engrandece.

A poesia "A Mar é", foi escrita por um pai que perdeu a filha, aos 15 anos de idade, em um acidente automobilístico.

A Mar é...

A Mar é... amor,
é um brilho intenso de luz
que passou por nossa vida
deixando uma saudade que não adormece
um espaço vazio, uma missão cumprida.

Ele a quis, para que os céus também
possam desfrutar de sua doçura,
para que os anjos conheçam sua ternura,
e aqui, ficamos os seus, sempre
na esperança de um dia poder avistá-la,
que demore dias, que demore séculos,
o que para o eterno nada é;
me amedronta o tempo e o vento poder
apagar da mente suas feições graciosas,
as pequenas marcas, gestos, traços,
mas a sua beleza pura ficará sempre;
e que seu sorriso giocondo seja um impulso esperançoso
assim como são as belas manhãs ensolaradas
com seus cálidos raios cortando o azul do imenso...
assim é a Mar...
assim é a Marcella.

REFLEXÃO

"Todas as dificuldades que você encara na sua vida, todas as provas e tribulações, todos os pesadelos e todas as perdas, a maioria das pessoas ainda vê como maldições, como punições de Deus, como algo negativo. Se ao menos você soubesse que nada que vem é negativo... [...] Todas as provas e tribulações, e as maiores perdas que você experimentará algum dia, coisas que fazem você dizer 'Se eu soubesse disso, não teria sido capaz de seguir adiante' são presentes para você, oportunidades que você recebe para crescer. Esta é a única finalidade da existência neste planeta Terra. Você não vai crescer caso fique sentado num lindo jardim cheio de flores e alguém traga uma refeição maravilhosa numa baixela de prata. Mas você vai crescer caso fique doente, caso sinta dor, caso experimente perdas, e

se não enfiar a sua cabeça num buraco na areia, mas, em vez disso, pegar o sofrimento e aprender a aceitá-lo, não como uma maldição ou sofrimento, mas como um presente que possui uma finalidade muito, muito específica."

Elizabeth Kübler-Ross

3 Quando nossos familiares e amigos estão em luto: como ajudar os enlutados

A tristeza é uma ferida que precisa de atenção para que possa ser curada. Penetrar na tristeza e completá-la significa encarar nossos sentimentos aberta e honestamente, expressar de maneira plena, tolerar e aceitar estes sentimentos pelo tempo que for necessário para que a ferida seja curada. [...] É preciso coragem para sentir tristeza.

JUDY TATELBAU

A EPÍGRAFE DESTE capítulo nos ensina que devemos expressar livremente nossos sentimentos e ter coragem para sentir a dor da perda. A tristeza é um modo de estar vivo, de experimentar dor pela morte do ente querido. E, para tanto, necessitamos do apoio dos familiares e dos amigos ao expressarmos a dor do luto. Dentro do sistema familiar é mais difícil obter tal apoio, pois os parentes mais próximos estão em meio à sua própria crise. Longaker (1998) diz que não fomos feitos para atravessar crises sozinhos. Ao enfrentar um período crítico, procure ajuda além do círculo familiar mais próximo. Nenhum de nós pode ser independente o tempo todo; agora é o momento de se despedir e de ficar aberto ao amor e à ajuda dos outros.

Alguns amigos se aproximam oferecendo apoio na hora da perda, enquanto outros se distanciam por se sentir constrangidos ou por achar difícil presenciar tanto sofrimento de alguém de que gostam muito. São verbalizações comuns dos enlutados: "Como foi importante a presença das pessoas"; "Como cada abraço, cada ombro amigo me aliviava"; "Percebi quanto as pessoas nos amam".

Muitas vezes, parentes, amigos e colegas não sabem o que dizer ou que tipo de apoio oferecer no momento da perda. Se você quiser ajudar um amigo enlutado, evite frases como:

> "Ele agora está com os seus."
> "Seja forte."
> "Ele está melhor do que nós."
> "Não chore."
> "Deus quis assim, era a hora dele."
> "Ele era de Deus."
> "Ele foi só emprestado por Deus."
> "Foi melhor assim, ele estava sofrendo muito."

Sabemos que tais frases são proferidas com a melhor das intenções, mas elas são inadequadas. Afirmações como essas doem e não trazem consolo.

Se você não sabe o que dizer a um amigo ou familiar que está sofrendo por uma perda, dê-lhe um abraço forte, um aperto de mão, fique a seu lado sem pronunciar nenhuma palavra. Tais gestos serão suficientes para que a pessoa compreenda que *você está com ele na sua dor*. O que importa, nesse momento, não é o que falar, mas a presença.

Outra atitude bastante comum se dá quando o familiar/amigo se encontra com o enlutado e não fala na pessoa morta, agindo como se nada tivesse acontecido. Pesquisas apontam que os sobreviventes costumam ficar magoados, pois creem que seus entes queridos foram esquecidos de forma muito rápida. As pessoas não falam no assunto com medo de despertar a dor naquele que ficou, sem perceber que assim dificultam seu processo de luto. Os enlutados precisam falar sobre a pessoa querida, caso contrário poderão sofrer isoladamente sem compartilhar as suas dores. É importante que essa perda seja reconhecida pelas pessoas de seu convívio.

Para exemplificar, vejamos o que diz uma mãe que perdeu o filho: "Ninguém toca no assunto da morte do meu filho. Não se fala nisso nem dentro da minha casa. É como se nada tivesse acontecido". E continua: "Se toco no assunto, meu marido sai de perto; se começo a chorar, ele me manda chorar no quarto. Mas falar do meu filho ou chorar me faz bem, fico aliviada! Se não falo nem choro fico pior, começo a ter dores no corpo e sensação de aperto no peito". Segundo Grollman (2005, p. 123), "luto compartilhado é luto amenizado".

Outras frases comuns mas extremamente inadequadas: "Existem os seus outros filhos"; "Reaja, seus familiares estão precisando de você". Colocações como essas podem gerar um grande sentimento de culpa nos indivíduos afetados pela perda, piorando ainda mais o seu quadro. Eles sabem que os que estão vivos precisam deles; tentam reagir, mas não conseguem, não têm força para cuidar nem de si mesmos. O nível de energia das pessoas fica muito baixo depois de uma perda significativa. É comum os enlutados afirmarem:

> "Estou exausto."
> "Estou sem energia."
> "Estou sem força."

Tomemos como exemplo a mãe que, diante da perda de um filho, verbaliza: "Eles dizem: 'Olha, existem os seus outros filhos, você tem de dar conta de reagir, eles também estão precisando de você'. Eu não gosto quando eles falam assim. Eu não dou conta de cuidar dos outros filhos, vai contra a minha vontade, eu não dou conta".

ATENÇÃO

A dor é pesada e carregá-la é exaustivo. Os enlutados precisam de cuidados. Não exija muito deles. O que eles estão sentindo é temporário, fazendo parte do processo de recuperação. Apenas depois de recuperados é que eles poderão cuidar das outras pessoas.

Uma das maiores necessidades dos enlutados é encontrar alguém com quem compartilhar seus sentimentos, falar de suas tristezas, frustrações, lembranças e dores. Precisam de alguém que lhes dê espaço e tempo para elaborar a perda. Porém, muitas vezes esse tempo não lhes é dado. Eles relatam que ficam muito tristes quando as pessoas dizem: "Já passou tanto tempo e você ainda não superou a perda? Você tem de melhorar"; "Você tem de se acostumar"; "Você tem de dar conta de reagir"; "Você tem de ser forte".

Segundo Tavares (2001), precisamos tomar consciência da importância do luto e deixá-lo seguir seu curso, cada um ao seu tempo. Seria muito mais adequado dizer: "Vocês gostariam de..." em vez de: "Vocês devem ou têm de..." A própria pessoa deve conduzir o seu luto. Algumas podem até mesmo preferir que outros ajam por elas, mas a decisão de delegar deverá ser de sua responsabilidade e não imposta. Portanto, se você deseja ajudar um amigo que está passando por um luto, respeite-o pelo tempo que for necessário até que consiga se recuperar. Não exija nada dele, deixe-o escolher onde e como manifestar sua dor.

Outra situação muito frequente é quando amigos e familiares, a fim de ajudar a melhorar o ânimo daqueles que estão sofrendo, verbalizam:

> "Você precisa sair."
> "Você tem que viver."
> "Você tem que se divertir, faça uma viagem."

Os enlutados ficam magoados com essas colocações. Quando estão em luto recente, não se sentem bem em se divertir, passear, viver como antes – afinal, a pessoa amada está morta. Acham que não podem se dar o direito de ser felizes. Como exemplo, transcrevemos as palavras de uma mãe depois da morte da filha: "Não tenho vontade de ir a lugar nenhum, estou fazendo o que querem que eu faça só para agradar os outros. Adoro ficar em casa, é o único lugar em que me sinto bem". Outra mãe diz: "Quando as pessoas me forçam a sair de casa, sinto raiva, angústia, tenho a sensação de que vou sumir, a minha vontade é somente voltar para casa. Por enquanto, o que mais quero é ficar quieta. Se eu pudesse, ficaria quieta o tempo todo". Outra afirma: "As pessoas pedem para eu fazer caminhada, bordar, ir ao *shopping* fazer compras, mas quando saio para agradar os outros vai me dando uma fadiga... Só melhoro quando chego em casa".

É importante destacar que a fadiga é uma sensação comum nas pessoas que passam por uma perda. Os enlutados dizem estar sempre exaustos, em especial aqueles em luto recente.

Lembre-se: só as pessoas que estão sofrendo pela perda sabem o que é melhor para elas. Uma orientação inadequada pode agravar ainda mais o estado de espírito delas. O que está acontecendo é natural e transitório.

O dia do funeral

O FUNERAL É A cerimônia que oficializa a realidade da perda. O enterro cumpre várias funções:

> é um ritual de despedida;
> consolida a realidade da morte;
> facilita a expressão de apoio, amor e solidariedade para os enlutados; e
> cumpre a função de separar o morto dos vivos.

Dependendo da crença religiosa, parentes e amigos poderão se reencontrar na missa de sétimo dia e em datas especiais. Esses rituais são importantes em nossa cultura para que o luto seja processado de forma lenta e saudável. Longaker (1998) salienta que o luto nunca terminará se nem começar. Para isso, devemos primeiro aceitar o fato de que a morte aconteceu. Quando não temos uma experiência física e tangível da realidade da morte, podemos suprimir a nossa dor negando a morte. É por isso que ver o corpo no hospital, em casa ou no funeral nos ajuda a aceitar e a nos acostumar com a realidade da perda.

É no momento do funeral que os enlutados precisam estar conscientes do que está acontecendo. Devem entrar em contato com seus sentimentos e expressar suas dores. Como já vimos, é comum que amigos e parentes não permitam que os enlutados manifestem seus sentimentos publicamente. Se choram perto do caixão, rezam sobre ele ou tocam o rosto do morto, muitas vezes são retirados dali. A sociedade de hoje exige do sobrevivente um controle de suas emoções. O ideal é que as pessoas deixem os enlutados agirem da maneira que acharem melhor. Não há forma certa ou errada de agir. Não é errado tocar no corpo, chorar sobre o morto; não é inadequado gritar, lamentar. Ruim mesmo é não exprimir a dor. Só os enlutados podem saber o que é melhor para eles. Vejamos algumas de suas falas:

> "A gente fica um robô nas mãos das pessoas, a gente é levado para um lado e para o outro o tempo todo. Elas dizem: 'Faça isso, faça aquilo ou não faça aquilo'."
> "Eu toquei no corpo do meu filho, mas as pessoas me afastaram, eu tentava tirar o véu do seu rosto e as pessoas não deixavam. Ele ficou sozinho muitas vezes no dia do velório, e isso me incomodou. Acho que eu deveria ter ficado o tempo todo perto do meu filho. Sinto que, como mãe, não lhe dei assistência. Na hora do enterro eu não tinha condições de ir e acho que era obrigação e um dever ficar com ele até ser enterrado. Sinto culpa por isso."
> "Sempre achei que velório era uma grande bobagem, não entendia por que as pessoas ficavam se martirizando. Agora sei que tudo é importante, velório e missa de sétimo dia."
> "Deram-me muito remédio no dia do velório, fiquei dopada. Até hoje não acredito nessa realidade."

Lembre-se: sentir a realidade da perda, no funeral, é fundamental para os enlutados, pois ajuda na elaboração do luto. Também é muito importante receber apoio de amigos e familiares. E é lendo o texto de Bucay (*apud* Rittner, 2004, p. 100) que percebemos como é significativo estar presente na dor do outro.

Um dia minha mãe me perguntou qual era a parte mais importante do corpo. Por muitos anos tentei encontrar a resposta correta. Quando era mais jovem, pensava que a audição era muito importante para nossa vida, por isso respondi:

— Os ouvidos, mamãe.

— Não, muitas pessoas são surdas e vivem perfeitamente bem. Mas continue pensando, que voltarei a perguntar. Vários anos se passaram até que ela repetiu a pergunta. Desde aquela vez, eu acreditava ter encontrado a resposta correta. No entanto, disse-lhe:

— Mamãe, a visão é muito importante para todos; então deve ser nossos olhos.

Ela olhou-me e respondeu:

— Você está aprendendo rapidamente, mas a resposta não é correta porque há muitas pessoas cegas que levam a vida muito bem sem contar com a visão.

Continuei pensando na solução. Durante muitos anos, minha mãe me repetiu a pergunta várias vezes e sempre que lhe respondia ela retrucava:

— Não, mas você está ficando mais inteligente com os anos. Logo vai acertar.

No ano passado, meu avô morreu. Todos sofremos. Choramos. Minha mãe me olhava quando chegou o momento de darmos o último adeus a meu avô. Então me perguntou:

— Você ainda não sabe qual é a parte mais importante do corpo, meu filho? Assustei-me. Eu acreditava que aquilo fosse uma brincadeira entre nós. Mas minha mãe viu a expressão confusa em meu rosto e disse:

— Esta pergunta é muito importante. Para cada resposta que você me deu no passado, eu lhe respondi que estava errado e expliquei-lhe o porquê. Mas hoje é o dia em que você necessita saber a resposta. Ela me olhava como só uma mãe pode fazer. Vi seus olhos cheios de lágrimas e abracei-a. Foi então que, apoiada em mim, disse:

— Filho, a parte do corpo mais importante é o ombro. [...] Porque pode apoiar a cabeça de um familiar ou amigo quando ele chora. Todos nós, algum dia na vida, necessitamos de um ombro para chorar, meu filho. Só espero que você tenha amor e amigos, pois assim sempre poderá contar com um ombro onde chorar quando mais precise, como eu agora preciso do seu.

Conselhos úteis para ajudar os enlutados

PARA CONCLUIR ESTE capítulo sugerimos algumas orientações simples e práticas.

Respeite as reações das pessoas diante da perda. Há quem reaja ficando controlado e afastado, há quem chore desesperadamente, há quem tenha necessidade de visitar o túmulo a cada dia e quem não queira vê-lo nunca mais. Há quem fique folheando o álbum de fotografias e quem não queira mais ter contato com recordações. Há quem deseje companhia e quem prefira ficar só. Enfim, cada um tem seu jeito de aliviar a dor.

Escute as pessoas enlutadas, dê-lhes tempo para se expressar e a si mesmo para conhecê-las. Descubra suas fragilidades e suas forças. Lembre-se de que somos diferentes e únicos até mesmo no momento da dor. Deixe que as pessoas apontem o caminho a percorrer. Respeite a forma com que expressam o luto.

Seus amigos precisam falar de suas perdas e dores. Ouça-os com o coração sem necessariamente dizer nada. Repetindo, o silêncio é também uma forma de consolar e ajudar, sendo as palavras muitas vezes inconvenientes e desnecessárias. "Estar presente" é uma forma de expressar apoio. A presença transmite proximidade mesmo quando faltam palavras.

Após o enterro, familiares e amigos se distanciam. Os enlutados em geral recebem atenção somente no sepultamento. É de suma importância ficar por perto, pois eles sentem necessidade de consolo e de aproximação.

Planeje suas visitas com antecedência. Telefone antes, mesmo que já tenha marcado a visita antes. Muitas vezes, exatamente na hora de sua visita os enlutados querem ficar sozinhos. Eles também precisam de um pouco de privacidade.

A distância não nos impede de ajudar um amigo. Podemos telefonar, escrever cartas, mandar e-mails. Essas são maneiras de provar-lhe que ele está longe dos olhos, mas não fora da mente nem do coração.

Se perceber que seu amigo está com raiva, entenda que esse sentimento é comum no processo do luto. Dê-lhe a liberdade de manifestá-la, pois isso evitará que essa raiva se prolongue.

Os que sofrem a dor da perda não gostam que lhes perguntemos como eles estão. Em geral, respondem que estão bem, mesmo que estejam se sentindo péssimos. É melhor perguntar: "Como você está *hoje*?" Essa forma mais empática de demonstrar interesse pode estimular os enlutados a expressar livremente seus sentimentos.

Dê atenção aos amigos enlutados principalmente em ocasiões especiais, como a data de aniversário do morto ou a data de seu falecimento. Natal e *réveillon* também costumam ser dolorosos para os sobreviventes, pois reavivam a lembrança do ente querido.

Transmita confiança para que o enlutado possa receber apoio. Só assim ele poderá se reorganizar e aos poucos tomar pé da realidade, enfrentando o luto de forma mais estruturada. Não critique nem censure a dor da perda. Ao contrário, encoraje-o a adquirir a capacidade saudável de superação.

A seguir reproduzimos uma carta enviada a uma amiga que passava por um processo de luto.

"[...] quando você vem e conta suas dificuldades, minha resposta só pode ser uma: te ouço e te respeito e faço aquilo que você necessita para ficar melhor. Cada um de nós tem uma visão da morte ou da passagem para a vida eterna [...], mas com paz de espírito caminhamos todos para ela, e na verdade a almejamos. A morte é a porta para ela como o parto foi a porta para esta vida terrena. O difícil é que essa viagem/passagem cada um faz a seu tempo e sozinho, então deixa saudades, deixa projetos comuns, e a ausência de quem foi muda a vida de quem ainda caminha. Não sinto o que você sente, só você sabe como é, nem as outras mães que também passaram por isso sabem, cada uma tem sua história. A saudade é grande, mas além da saudade você teve a história modificada e precisa de tempo para se reestruturar, para criar outro rumo [...]. Estou disponível para ajudar no que você achar que precisa. Não sou da turma que te responde "Ela está bem" – embora creia piamente que ela está ótima –, pois sei que isso não te conforta, que ela te faz falta aqui. Tampouco sou da turma que te diz para não chorar. Quem somos nós para direcionar o sentimento de alguém? Chore quanto quiser, se precisar de um ombro, conte sempre com o meu – é para isso que estou aqui. Sei que você ouve muitas frases que não te aliviam, mas que tenho certeza de quem fala, mesmo sem propriedade, fala com carinho e tentando ajudar. Ninguém tem a receita para ajudar... estamos vivendo sua experiência junto com você, cada qual em sua posição. Estamos juntas há muito tempo, e tenho certeza de que você vai a seu tempo transformar dor em amor, do seu jeitinho todo especial, e poderá continuar sua caminhada apoiando e ajudando a si própria primeiro e depois aos que te cercam.

O que vocês precisarem eu faço, é só pedir...

Com carinho, M."

Ter amigos que compreendem o momento pelo qual estamos passando e nos consolam ameniza a dor, propiciando uma recuperação mais rápida.

4 O luto da criança: as crianças e o funeral

Não existe uma regra fácil e rápida para determinar se as crianças devem ou não comparecer a funerais, embora essa seja uma dúvida comum. Se uma criança expressar desejo de ir ao funeral, este deve ser respeitado; se, porém, relutar ou recusar--se a ir, isso também deve ser acatado. Em geral, supõe-se que o melhor seja encorajar a criança a comparecer para que o ritual não fique envolto em uma aura distorcida de fantasia ou mistério, ou seja, que o ritual se torne algo excessivamente traumático ou destrutivo. Participar da cerimônia, ao contrário, faz que a criança elabore a perda de forma mais positiva e verdadeira. É importante dar informações prévias: o que vai acontecer no velório, como será o ambiente e, se possível, mostrar a ela a imagem de um caixão. Também é preciso descrever a aparência do corpo, caso o morto tenha marcas, feridas, ataduras etc. Descreva a situação da forma o mais clara possível (Kaplan et al., 1997).

Diante da perda de um parente, as crianças costumam reagir de modo mais simples e abrangente do que os adultos. O fato de uma criança não chorar ou de pedir para ir à casa de um coleguinha no momento da dor da família não significa que ela não esteja emocionalmente abalada. Dependendo da idade da criança, ela manifesta seu pesar em forma de atitudes, gestos e comportamentos que, muitas vezes, para os adultos, podem soar estranhos ou sem significado (Bowlby, 1993).

Após o funeral, é essencial que o parente mais próximo – como um dos pais ou avós –, em quem a criança confia e o qual respeita, ajude-a a trabalhar a perda. É importante falar sobre o assunto com ela, mostrar fotos e utilizar sempre uma linguagem simples e verdadeira, respeitando a vontade da criança, seu desenvolvimento cognitivo e intelectual. Não detalhe como se deu a morte, o que pode gerar mensagens mórbidas.

Como lidar com o luto das crianças

ATÉ MESMO UMA CRIANÇA pequena pode enlutar-se pela morte de um dos pais ou de parentes mais próximos, como um irmão ou os avós, apresentando reações emocionais semelhantes às de um adulto. Para compreender o percurso do luto infantil, faz-se necessário descrever o desenvolvimento cognitivo das crianças na primeira infância, na fase pré-escolar e na adolescência.

Crianças com menos de 3 anos sentem saudades quando são afastadas de seus responsáveis ou de um bichinho de estimação. Sentem dó quando perdem um objeto ou ente querido. Estão na fase de incompreensão total, não tendo ainda desenvolvido o conceito de morte.

Segundo Raimbault (1979), sintomas comuns nessa faixa etária podem se manifestar, como perda de apetite, enurese, dificuldade para dormir, choro excessivo, regressão de alguns comportamentos já aprendidos, apatia e aumento da dependência.

Entre 3 e 5 anos, as crianças conceituam a morte como uma separação provisória. Elas pensam que seu ente querido morto vai voltar a qualquer momento e, por não compreenderem a complexidade da perda, creem ser a morte reversível. Nessa fase, as crianças se sentem culpadas pelos acontecimentos (Mazorra, 2001).

É comum as crianças verbalizarem:
> "Estou com saudades do meu pai. Que dia ele vai chegar?"
> "Quero ir para o céu ver minha mãe."
> "Acorda ele, manda ele viver."
> "Quando vovó vai voltar?"

As crianças em idade escolar (6 a 12 anos) compreendem que a morte é um caminho sem volta, mas creem que somente morrerão os idosos (vovô, vovó), as pessoas hospitalizadas ou as vítimas de acidentes. Se um indivíduo jovem morrer, elas poderão até compreender a situação, caso conheçam e entendam a causa da morte, porém sua dor será maior que a manifestada por crianças mais novas.

Trata-se de uma fase de grande sensibilidade, que pode gerar interesse pelo assunto morte. Porém, diante do acúmulo de informações e da complexidade do tema, as crianças buscam a proteção de pessoas em quem confiam a fim de substituir a pessoa que morreu ou de preencher a necessidade de sobrevivência. Quando a perda é significativa, a criança pode desenvolver distúrbio de atenção, distúrbio de fala, ansiedade obsessiva – como fobia, rituais, tique e apatia –, medo da solidão, do escuro e de estranhos (Raimbault, 1979).

Depois dos 12 anos, as crianças já estão mais realistas diante dos fatos e a maior parte delas já aceita que algum dia também vai morrer, compreendendo a morte como a parada de todas as funções biológicas. Desaparecem preocupações de que o falecido está sentindo frio e/ou está molhado pela chuva (Chiattone, 2003). É comum sentirem medo de perder um dos pais. Elas expressam sentimentos de tristeza mais pelo comportamento do que com palavras. Manifestam medo de abandono, desamparo, desespero, ansiedade ou raiva de forma mais grave e agressiva devido à dificuldade de se expressar verbalmente. Elas conceituam a morte como ameaça pessoal, encarando-a como definitiva e permanente. Sentimentos deprimidos, queixas somáticas, comportamentos delinquentes, promiscuidade e tentativas de suicídio são frequentes nessa idade.

Ao falar com a criança, os adultos devem utilizar uma linguagem franca e verdadeira no momento em que forem expressar seus sentimentos diante da perda, como:

> "Estou chorando porque seu pai morreu."
> "Estou triste porque seu irmão morreu."
> "Sinto saudades dos meus pais que já morreram."

É de suma importância conhecer as reações emocionais das crianças para compreendê-las e ajudá-las. Elas se expressam de diversas formas: tristeza pelo que ocorreu, raiva por terem sido abandonadas, medo de ser deixadas sozinhas, sentimentos de culpa por haver causado a morte.

As crianças em luto vivenciam aumento da ansiedade, tornam-se apáticas – ou seja, mais tristes – e em geral reagem exageradamente a situações de separação. Por exemplo, se os pais saem de perto delas, elas se desesperam, choram e pensam que eles não voltarão mais. Podem, ainda, apresentar excesso de choro (chorando constantemente ou por coisas insignificantes).

Distúrbios de sono (dormir demais ou ter insônia) também são comuns, bem como alterações no apetite (comer demais ou ter inapetência), alterações esfincterianas e sinais físicos nas crianças maiores de 12 anos (dores de cabeça, rigidez na nuca, dores no corpo). São os chamados sintomas psicossomáticos.

Como ajudar as crianças a lidar com a perda?

É PRECISO CONVERSAR SOBRE morte de forma esclarecedora. Explique-lhes que a morte é definitiva, que todos nós morreremos um dia. Diga que se trata de um processo natural, inerente à vida, assim como as estações do ano, dia e noite, frio e calor. Se possível, mencione processos como a germinação das sementes e a metamorfose da borboleta. Deixe claro que nascer e morrer refletem uma alternância natural.

Para ajudar as crianças após a perda, é preciso oferecer carinho, compreensão, amor, respeito, acolhimento e escuta.

É bom reafirmar que, após o enterro, o parente mais próximo afetivamente da criança deve conversar com ela sobre o que aconteceu, sempre que for preciso. Caso a criança tenha perdido um dos pais, um irmão ou um familiar querido, a escola precisa ser avisada imediatamente e informada de como a criança está lidando com a perda.

A escola deve oferecer o apoio e a assistência necessários e adequados quando a criança retornar às aulas. Deve também trabalhar o tema morte contando histórias, exibindo filmes, incentivando que os colegas da criança enlutada – em especial seu melhor amigo – lhe escrevam cartas de estímulo. Esse é o momento de transmitir informações concretas para as crianças, dando-lhes a oportunidade de tirar dúvidas e de falar sobre o assunto. Essas conversas às vezes duram meses.

Enfatizamos que os fatos reais devem ser explicados até mesmo às crianças pequenas, pois elas são capazes de entender o que aconteceu e, assim, elaborar a perda gradualmente. Caso se perceba que os sentimentos estão dificultando o relacionamento afetivo, familiar e social da criança, ou que ela apresenta doenças psicossomáticas, depressão, comportamentos agressivos e delinquentes, o ideal é encaminhá-la para um profissional de saúde especializado.

Eu sou a luz do mundo

Senhor,
Que esta vela que acabo de acender seja luz para a Thalita.
E que ilumine sua alma para que ela fique sempre em paz.
Que seja chama, Senhor, para que tu aqueças meu coração e me ajude a seguir em frente com a certeza de que ela está feliz.
Eu não posso ficar muito tempo em seu templo, mas deixando esta vela acesa um pouco de mim permanecerá aqui.
Ajude-me a prolongar minha prece em todos os momentos da minha vida.
E que a Thalita, aí do seu lado, saiba que eu a amo e sempre amarei!
Amém.

Essa oração foi escrita pela mãe da Thalita, que morreu aos 14 anos de idade, na missa de um ano da sua morte.

SUGESTÕES PARA TRABALHAR PERDAS COM CRIANÇAS ENLUTADAS

LIVROS
Há várias histórias infantojuvenis que retratam bem situações de apego, separação e morte de amigos, animais de estimação ou familiares. Veja a seguir algumas dicas.
Pollyanna Escrito por Eleanor H. Poter, esse clássico conta a história de uma órfã que mora com a tia severa e procura ver o lado bom das coisas, ensinando a todos o "jogo do contente". [São Paulo: Ática, 2006]

O pato, a morte e a tulipa Esse livro, escrito e ilustrado por Wolf Elbruch, mostra a estranha e forte amizade cultivada entre um pato e a morte. [São Paulo: Cosac Naif, 2009]

O gatinho perdido Escrito por Teresinha Casasanta, o livro conta a história de um animal de estimação perdido e encontrado por um menino. Este se apega demais ao gato e tem de enfrentar a dor da separação ao devolver o animal ao seu verdadeiro dono. [São Paulo: Editora do Brasil, 2009]

Contos de fadas A obra traz histórias de Perrault, Grimm, Andersen e outros grandes escritores. Contos como "O pequeno polegar", "A bela adormecida" e "João e o pé de feijão" abordam a separação e a perda. [Rio de Janeiro: Zahar, 2010]

Michelangelo Esse livro da coleção Crianças Famosas apresenta detalhes da infância do famoso pintor e escultor, que perdeu a mãe aos 6 anos e o mestre aos 17. No entanto, os autores, Tony Hart e Susan Hellard, mostram que essas mortes foram superadas por Michelangelo, que mais tarde se transformou num dos maiores artistas de todos os tempos. [São Paulo: Callis, 2002]

A história de uma folha O livro de Leo Buscaglia retrata a morte como um processo inerente aos seres vivos. O autor ilustra de forma simples e delicada o ciclo de nascimento, crescimento, reprodução e morte. [Rio de Janeiro: Record, 2002]

A menina e o pássaro encantado Escrito por Rubem Alves e ilustrado por Maurício de Sousa, o livro conta a história de uma menina cujo melhor amigo era um pássaro. Ele viajava para inúmeros lugares diferentes, sempre retornando com as novidades, mas a cada partida a menina morria de saudade. Certo dia, ela resolve prendê-lo para acabar com seu sofrimento. O pássaro fica doente e perde o encanto pela vida. Não suportando a dor do amigo, a garota o liberta e fica esperando que um dia ele retorne. Ela aprende, assim, a noção de desapego. [São Paulo: Verus, 2010]

FILMES

O enigma das cartas Indicado a crianças em idade escolar e mais velhas, o filme conta a história de uma menina que perde o pai, mas não passa pelo processo de luto devido à proibição da mãe. As consequências aparecem nos conflitos emocionais da criança, que é diagnosticada como autista. É emocionante o momento em que mãe e filha passam para a fase de aceitação da morte. [*House of cards*, dir. Michael Lessac, EUA, 2003]

Tomates verdes fritos Ricamente costurado, o filme aborda vários episódios de perda, como a menina que vê morrer aquele a quem mais amava e o menino que perde o braço e se vê obrigado a reaprender a viver. [*Fried green tomatoes at the Whistle Stop Cafe*, dir. Jon Avnet, EUA, 1991]

Caminhando nas nuvens Depois de voltar da guerra, um jovem agricultor percebe que se casou com a pessoa errada. Durante uma viagem de negócios, conhece uma mulher que engravidou e foi abandonada pelo amante. Ele resolve ajudar a moça e viaja com ela até a propriedade de sua família, mas os dois acabam se apaixonando. A película mostra ainda um pai tradicional, dono de um vinhedo, que se vê desestruturado quando seu negócio entra em decadência. [*A walk in the clouds*, dir. Alfonso Arau, EUA, 1995]

Meu primeiro amor Vada, uma menina obcecada pela morte, tem como melhor amigo um garoto que é alérgico a tudo. Durante um verão comum, a amizade deles enfrentará obstáculos e Vada conhecerá muito cedo a dor da perda. [*My girl*, dir. Howard Zieff, EUA, 1991]

A bela e a fera Clássico da Disney que conta a história de uma linda e inteligente jovem que procura pelo pai desaparecido e acaba aprisionada no castelo da misteriosa fera. A abordagem da perda da beleza também é extremamente bem-feita. [*Beauty and the beast*, dir. Gary Trousdale e Kirk Wise, EUA, 1991]

Babe, o porquinho atrapalhado Esperto e amigo, Babe se destaca na fazenda em que vive por ser um ótimo pastor de ovelhas. Seu dono o inscreve em um concurso e ele vive grandes aventuras. Destaque para o fato de que Babe sente muita falta de suas amigas ovelhas quando estas são roubadas. [*Babe*, dir. Chris Noonan, EUA, 1995]

5 Falando de morte

Dar-se conta da nossa finitude, da inevitabilidade da morte e do não ser é como encarar o sol: não conseguimos olhar de frente por muito tempo, simplesmente vivemos sem pensar que vamos morrer.

MARIA TEREZA MALDONADO

A reflexão sobre a morte

MESMO SABENDO QUE a morte é um fenômeno natural e a única certeza da vida, aceitá-la ainda é um processo difícil. Lutamos contra a morte, procuramo-nos proteger dela ou impedir que aconteça; no entanto, devemos ter expectativa de morte como temos expectativa de vida, pois assim estaremos preparados para aceitá-la.

"Minha primeira experiência com a morte se deu com meu cachorro de estimação. No dia em que isso aconteceu, meus irmãos e eu choramos muito e pedimos a nossos pais que o enterrassem. Depois de insistirmos bastante, eles fizeram nossa vontade. Durante algum tempo sempre íamos visitar o local onde ele havia sido enterrado, mas após alguns meses não mais sentimos necessidade de fazer isso. Hoje compreendo quanto foi importante para nós que nossos pais tenham realizado nosso desejo, pois com esse gesto eles nos ajudaram a elaborar a morte do nosso cachorrinho de forma mais positiva."

EDIRRAH GORETT

"Minha primeira experiência com a morte se deu quando faleceu uma vizinha muito amiga de minha mãe. Eu tinha 9 anos na época. Lembro que não conseguia dormir, pois tinha medo de pegar no sono e não acordar mais. Queria entender o que estava acontecendo comigo. Não tinha resposta. Ninguém falava sobre a morte, pois a falecida era bem velhinha. Fiquei debaixo do lençol, no quarto escuro, e prendi a respiração por um tempo, pois queria sentir como era estar morta. Queria perceber minha morte. Foi uma experiência que, naquela idade, me ajudou a entender que todos nós morreremos um dia."

Maria Aparecida

Quando pensamos na morte – seja esse pensamento decorrente do falecimento de alguém, próximo ou não, ou de uma reflexão mais metafísica –, em geral somos tomados por inúmeros sentimentos. Se forem muito dolorosos, tais sentimentos podem se transformar em dor física ou criar uma dinâmica incompreensível (Kübler-Ross, 1998).

Refletindo sobre a morte, podemos dizer que estar vivo é como fazer uma viagem. Para alguns, a viagem é curta, pois retornam logo; para outros, a viagem leva meses ou muitos anos. Às vezes, o indivíduo que fez uma viagem curta aproveitou-a intensamente, realizando seus sonhos e objetivos, enquanto muitos passam anos viajando sem destino e sem um propósito definido. Quando a viagem termina, estes últimos se dão conta da inexorabilidade da morte e esta se torna mais difícil e dolorosa. Afinal, é impossível voltar atrás e recuperar as oportunidades que lhes foram dadas. A vida é sua, portanto você escolhe o que quer levar na viagem.

Os tipos de morte

REVENDO A LITERATURA ESPECIALIZADA, alguns estudiosos como Walsh e McGoldrick (1998) e Worden (1998), entre outros, assim classificam os tipos de morte:

Morte esperada

É a morte por doença. Os familiares geralmente são avisados da morte de um ente querido e ficam tristes, deprimidos, entrando em processo de luto mesmo antes de o fato se consumar. É o que denominamos de luto antecipatório. Os familiares vivem um estresse de permanente incerteza, porque nunca se sabe o dia da morte. Cada remissão, isto é, qualquer melhora do ente querido, é uma esperança de vida, mas a cada piora volta o medo da morte. Surge ainda um sentimento de impotência, pois tanto os familiares quanto a equipe de saúde sabem que não conseguirão reverter o quadro clínico do doente – apenas se acontecer um milagre.

O esgotamento financeiro é bem comum nesse tipo de morte, pois o doente piora a cada dia. Além de esse fato impedi-lo de trabalhar, aumentam os gastos com a saúde. Muitas vezes o familiar também deixa de trabalhar para dar assistência ao doente, o que agrava ainda mais a situação financeira da família.

A dificuldade na comunicação é frequente. Família e paciente não conseguem ter uma comunicação aberta e sincera, pois evitam falar da morte, de seus medos e angústias, sofrendo isoladamente – é o que se chama, na literatura especializada, de "conspiração do silêncio". No entanto, a morte esperada permite a resolução de questões de relacionamento e tornam possível uma despedida digna.

Para exemplificar, citamos o caso de um jovem de 30 anos com câncer avançado de pulmão. Ele foi criado pela avó (atualmente falecida), embora os pais morassem na mesma cidade. Na ocasião do diagnóstico, não falava com a irmã mais velha havia alguns anos, por dificuldades de relacionamento. Esta morava em outro estado quando soube do diagnóstico do irmão e não veio visitá-lo, pois achou melhor permanecer distante. Um pouco antes de sua morte, ele demonstrou um grande desejo de ver a irmã. Entramos em contato com ela, que resolveu visitá-lo. No leito de morte eles se abraçaram, chorando, e pediram desculpas mútuas. O rapaz então pediu que a mãe se aproximasse e contou que a avó lhe dava colo e lhe fazia carinho. Então, pediu à mãe que fizesse o mesmo, pois ele sentia muita falta do seu carinho. Em prantos, a mãe colocou o filho no colo e, enquanto acariciava seus cabelos, beijou-lhe a face várias vezes e lhe pediu desculpas. Dois dias depois seu filho morreu.

Morte súbita

São aquelas que ocorrem inesperadamente, como mortes acidentais, ataques cardíacos, homicídios e suicídios, entre outras. A reação inicial é de desespero.

Assistimos a pessoas esmurrarem a parede, quebrarem objetos, gritarem desesperadamente pela pessoa morta e até mesmo correrem em direção à rua na tentativa de se jogar debaixo de um carro. Ouvimos colocações do tipo: "A minha vontade era quebrar tudo, sumir, me isolar e até de matar. Depois pensei: 'não vai resolver meu problema, vou criar mais um'". Esse tipo de morte não permite despedida nem perdão, como no caso das mortes por doenças prolongadas. Não existe tempo para a resolução de problemas familiares – como escrever o testamento, fazer seguro de vida, escolher o local onde será realizado o sepultamento etc. Por isso, é muito importante estarmos em dia com todas as nossas coisas, sejam elas materiais, relacionais ou espirituais, pois a qualquer momento podemos deixar de existir.

Na morte súbita, os familiares possivelmente necessitarão de mais tempo para superar o luto.

Morte por suicídio

Na morte por suicídio os familiares ficam, além da dor, com muitas perguntas sem resposta. "Por que isso foi acontecer?"; "Por que ele fez isso?"; "Como não percebi nada antes?" Uma mãe que perdeu o filho de 20 anos, que se enforcou dentro da própria casa, afirma: "A última imagem que tive dele foi na cozinha, tomando o café da manhã. Eu não olhei para ele, mas conversamos um pouco. Eu deveria ter dado um abraço nele, quem sabe com esse gesto ele tivesse desistido de se matar." E continua: "Eu queria conversar com ele e saber por que fez isso".

O suicida agride o ambiente com seu ato. A morte por suicídio faz que as pessoas com as quais ele tinha algum vínculo afetivo se sintam responsáveis por não tê-la evitado. Esse tipo de morte acarreta um grande sentimento de culpa nos familiares. É uma perda dramática, pois dolorosa emocionalmente e embaraçosa socialmente. Para Worden (1998), a sensação de vergonha dos enlutados pode ser influenciada pela reação dos outros. Em nossa sociedade, há um estigma associado ao suicídio.

McGee, diretor de um grande centro de prevenção do suicídio na Flórida (*apud* Worden, 1998, p. 114), acredita que "[...] o suicídio desencadeia o luto mais difícil de ser enfrentado e resolvido de maneira eficaz, em qualquer família".

Morte por violência

Os familiares ficam transtornados, indignados, inconformados. Alguns familiares apresentam desejo de vingança, querendo fazer justiça com as próprias mãos. Citemos, como exemplo, um senhor de 42 anos de idade, pai de família, que perdeu o irmão assassinado. Ele deixou a barba crescer e prometeu só tirá-la quando vingasse a morte do irmão. Depois de procurar pelo assassino Brasil afora, recebeu o diagnóstico de doença renal crônica. Só então fez a barba, percebendo que o processo de vida e morte não estava em suas mãos.

Morte de filho

É considerada por alguns estudiosos a maior tragédia da vida. Causa um impacto devastador na vida conjugal e na saúde dos pais. Deixa, portanto, sinais profundos que permanecem por toda a vida. Quando um filho morre, qualquer que seja sua idade, fenecem também sonhos, fantasias e expectativas de futuro dos pais. Quando os pais morrem, perde-se o passado; quando nossos filhos partem, perdemos o futuro.

Diz uma mãe diante da morte da filha: "Como ela perdeu o futuro, perdi o meu também". Convém ressaltar que o aborto espontâneo, o aborto provocado e o parto de natimorto envolvem a perda de uma pessoa (filho). A morte fetal ou perinatal pode se tornar invisível caso não seja permitido aos pais ver o corpo e realizar a despedida. O fato de não ver o filho perdido pode tornar a morte menos real. Participar do ritual de sepultamento é de suma importância para os pais, pois facilita o enfrentamento da dor da perda e contribui para a elaboração do luto. Quando isso não acontece, podem surgir dificuldades posteriores. O mesmo acontece no caso da mulher que provoca o aborto sem ter a oportunidade de expressar seus sentimentos ambivalentes, de discutir as opções e de receber apoio emocional.

Para exemplificar: uma mulher que passou por um aborto espontâneo com 3 meses de gestação e foi impedida de falar sobre o assunto. Após alguns anos, uma colega passou pela mesma situação, despertando nela desespero e sofrimento. Ela pode ter sofrido pela colega, mas também pela sua própria perda – que, na ocasião, não foi expressa nem devidamente trabalhada.

Dependência financeira

AS PESSOAS QUE DEPENDEM financeiramente do ente que morreu apresentam reações intensas:

› De pavor, porque além de perderem o ente querido perdem seu provedor.
› De insegurança, por não saberem como sobreviverão.
› De impotência, pois não têm como mudar a situação.

Portanto, sentem-se desamparadas pela perda. Tais sentimentos são comuns em crianças e adolescentes que perderam um dos pais e em idosos que perderam o cônjuge ou os filhos, de quem tanto necessitam para sobreviver financeiramente.

Classe social

DEPENDENDO DA CLASSE SOCIAL, as reações das pessoas são diferentes diante da morte.

No segmento de menor poder aquisitivo, as pessoas liberam com mais facilidade a dor da perda. Choram, gritam, falam em voz alta, xingam se for preciso, sentindo-se assim mais aliviadas. Já nas classes mais privilegiadas as pessoas são mais reservadas, muitas vezes usando remédios para controlar a dor emocional. Não lhes é permitido expressar os sentimentos, o que dificulta o processo do luto.

REFLEXÃO

A dor pela morte de um ente querido sempre estará presente. Perder um familiar é muito doloroso, insuportável. Inúmeras pessoas se revoltam, não creem no que estão vivenciando. Somente diante do caixão de um filho, cônjuge, parente próximo ou amigo é que elas percebem a realidade da perda. Não importa de que forma a pessoa morreu, sob que circunstâncias, nem como agia em vida. Nada disso nega a realidade: trata-se de um ser amado.

Diante da perda, devemos compartilhar a nossa dor com amigos e familiares, pois assim podemos minimizá-la.

REFLEXÃO

Krisha Gotami era uma jovem que viveu na época de Buda. Quando seu filho único morreu, ela procurou desesperadamente alguém que pudesse trazê-lo de volta à vida. Por fim, pediu ajuda a Buda. Este mandou que ela trouxesse uma semente de mostarda de uma casa que nunca houvesse experimentado uma morte. Batendo de casa em casa, a mulher ouvia sempre a mesma história: "Podemos lhe dar quantas sementes quiser, mas a condição não será cumprida, pois muitas pessoas já morreram em nossa família". Ela insistiu, ainda com esperança, e continuou sua busca, mas finalmente perce-

beu a verdade: a morte faz parte da vida e acomete a todos os mortais; assim, ninguém está verdadeiramente sozinho na dor. Então, voltou ao Buda. "Onde estão as sementes?", perguntou ele. A jovem caiu a seus pés dizendo: "Entendi sua lição. Agora estou pronta para conhecer aquilo que nunca morre. Não peço mais pela volta do meu filho, pois mesmo que isso me seja concedido ele morrerá novamente um dia. Ensina-me algo de tal modo que agora eu possa conhecer dentro de mim mesma aquilo que nunca morre". A mulher descobriu então que manter o filho na memória, lembrando todos os detalhes de sua vida, o manteria vivo... Ausência se fazendo presença. Se o esquecesse, aí sim ele morreria! Mais calma, a jovem senhora suportou a dor da perda, entendendo que se ficasse paralisada teria uma morte em vida, que deveria seguir em frente, criando novos projetos para sua existência.

AUTOR DESCONHECIDO

6 Falando com profissionais de saúde: morte e luto no contexto hospitalar

Conheça todas as teorias, domine todas as técnicas, mas quando tocares uma alma humana seja apenas outra alma humana.

JUNG

Hoje fui pega de surpresa com uma notícia abaladora. Me disseram que tenho câncer de mama. Na hora, nem tive reação; agora preciso da misericórdia de Deus, de seu amor e compaixão. Não é nada fácil o que estou sentindo e passando. Sinto muito medo, medo de morrer, de morrer sofrendo, de deixar meus pais e meus filhos, que amo demais.

O que mais me admira é que, assim que percebi a anomalia na mama, passei por três médicos e fiz todos os exames pedidos, mas mesmo assim eles não conseguiram descobrir a doença no início. Não culpo nenhum desses profissionais, pois os exames deram negativo. O que a gente mais sente nessa hora é ter deixado de fazer tanta coisa boa. Amar mais as pessoas como seres humanos que elas são, não maltratando o próximo, não julgando nem falando mal do outro, aprendendo a perdoar.

Descobri que os valores mais preciosos são aqueles que não se compram com dinheiro: carinho, paciência, honestidade, dignidade, amor ao próximo, fidelidade, compaixão, amizade e, principalmente, a vida.

Ah! Minha filha, eu te amo demais e sinto muito não poder talvez terminar minha missão de criá-la dando a você amor e carinho. Quero que você saiba que existem outras pessoas, como o vovô, a vovó, dindinha, a tia C., que poderão te ajudar, te ensinar a caminhar sozinha. Você e seu irmão foram dádivas de Deus para mim, por isso eu os amo demais. Talvez agora você ainda não entenda tudo isso, mas quando estiver mocinha vai compreender. Ouça o seu irmão, ele já aprendeu bastante coisa com a mamãe e o papai, com o vovô e a vovozinha.

Seja feliz. Estude muito, você é tão inteligente quanto o seu irmão. Trabalhe assim que necessário for, pois o trabalho edifica o homem. Se algum dia você se sentir só, desamparada, vá a uma igreja e ore a Deus para ele iluminar seu caminho. Se você se sentir maltratada, procure um parente que você ame e peça-lhe, sem medo e em meu nome, para ele cuidar de você. Pode ser tio(a), primo(a) vovô, vovó, madrinha, padrinho etc. Ignore os defeitos das pessoas, todos nós temos defeitos, apenas ame-as de coração. Filha, preste atenção. Quando chegar a hora de ir para a escola, é para levar a sério, obedeça a seu pai, seu irmão, seus avós. Nunca tenha amigos ou amigas de comportamento estranho, que usam drogas, que se prostituem, pois isso leva à morte e só te trará tristeza e dor.

Seja alegre, feliz, carinhosa, paciente e calma. Gostaria muito de poder estar ao seu lado te protegendo, te dando carinho, amor e te ensinando a viver e sobreviver. Porém, não importa onde eu estiver, olharei por vocês.

Sabe, meu querido filho, quero que você estude muito, sempre, não desista jamais, pois vai ser importantíssimo para você no futuro. Deixarei uma carta especial para você.

Agora me sinto cansada, mas aliviada em escrever tudo ou quase tudo que desejo.

Beijos.

ESTA CARTA FOI escrita por uma paciente de 32 anos, casada, dois filhos. Ela recebeu o diagnóstico de câncer de mama em 1999. Passou por tratamento cirúrgico (mastectomia radical), radioterapia e quimioterapia, mas sua doença não foi erradicada. Faleceu em 2001, em sua casa, rodeada de familiares.

Lendo o que ela escreveu, percebemos como é importante que a pessoa esteja claramente informada do diagnóstico. Se não souber da real situação, deixará de se organizar, de resolver antigas pendências – tanto no campo emocional como social e espiritual – e de se preparar para a própria morte. Quantos pais morreram sem ter a oportunidade de deixar uma carta como essa para os filhos, orientando-os quanto ao futuro.

Dando um diagnóstico desfavorável

ANUNCIAR UM DIAGNÓSTICO DESFAVORÁVEL implica dar uma "má notícia". As más notícias alteram as expectativas de futuro da pessoa. Portanto, não é uma tarefa fácil para aquele que assume esse papel. No contexto hospitalar, os primeiros envolvidos são os médicos, pois são eles que dão os resultados de exames e os diagnósticos. Muitos dizem: "Não há mais nada a fazer". É extremamente difícil dizer a um ser humano que suas chances de cura foram esgotadas. Porém, é preciso lembrar que o doente terminal não pode ser curado, mas deve ser tratado.

O tratamento baseia-se em controlar os sintomas, aliviar a dor e ajudá-lo a lidar com problemas emocionais, sociais e espirituais, melhorando sua qualidade de vida. Quando os doentes ouvem que nada mais pode ser feito, sentem-se abandonados e desesperançados. A esperança é essencial para a sobrevivência do ser humano. E, quando o bem-estar do paciente se mantém satisfatório, é possível resgatar a esperança.

Como devemos trabalhar a esperança do paciente? Baseando-nos no aqui e agora. Por exemplo, no dia de hoje ele:

> está sem dor;
> se alimentou bem;
> dormiu bem;
> manteve bom relacionamento com familiares, amigos e equipe médica;
> tem esperança de uma boa morte.

Manter a esperança dos pacientes não é dar-lhes falsa esperança, mas compreender que mantê-la não é uma meta de cura, e sim de conforto.

Revelar ou não o diagnóstico ao paciente

MUITOS MÉDICOS AINDA SE perguntam se devem ou não contar o diagnóstico ao paciente. A psiquiatra americana Elisabeth Kübler-Ross (1998), pioneira no trabalho com doentes terminais, diz que a pergunta formulada não deveria ser: "Devo contar?", mas: "Como vou dividir isso com o paciente?" Segundo a autora, praticamente todos os pacientes terminais tinham consciência da gravidade de sua doença, ainda que negassem isso. Em nossa prática cotidiana, muitos pacientes contam saber que são terminais, pois percebem que o tratamento nunca termina, seu quadro clínico não melhora e eles sentem-se cada vez mais debilitados.

É comum que os familiares queiram esconder o diagnóstico de uma doença grave, pedindo ao médico que poupe o paciente. Os que agem assim querem proteger a si próprios e ao seu ente querido; trata-se de um mecanismo natural. Imaginam que a revelação poderá provocar desespero no paciente, levando a um quadro depressivo e a uma morte mais rápida. Porém, se o médico não informar o diagnóstico ao paciente, surgirá um problema de comunicação, o que criará uma barreira entre doente, família e equipe médica. Nessa conspiração do silêncio, todos agem como se nada estivesse acontecendo.

Ajuda psicológica na conspiração do silêncio

FAZ-SE NECESSÁRIO ORIENTAR FAMILIARES, pacientes e equipes de saúde para que a conspiração do silêncio seja desmistificada.

Familiares

Sugerimos aos familiares que tenham uma conversa aberta e sincera sobre o assunto. Quando isso não acontece, o ente querido não tem espaço para falar sobre sua morte abertamente, o que poderá desencadear, durante o processo, a maior dor física e emocional de sua vida.

Os familiares devem compreender que, se a conspiração do silêncio se mantém, não é dada ao paciente a oportunidade de concluir situações não resolvidas, como resgatar relacionamentos significativos, realizar desejos etc. Se essa oportunidade lhe é dada, os familiares colaboram para que ele se prepare para uma boa morte.

Dizer a verdade a uma pessoa moribunda não faz que ela morra, ainda que seja verdade que algumas morrem depois de conhecer o diagnóstico. Isso acontece porque elas se agarram com valentia à vida por seus entes queridos, até sentir que estes, finalmente, aceitaram de fato sua morte. Então, elas se permitem partir.

Como já dissemos, o paciente que não melhora percebe que está morrendo. Impedi-lo de conhecer e compartilhar a verdade faz que sofra isoladamente, sentindo-se solitário e abandonado.

Pacientes

É preciso estimulá-los a expressar seus sentimentos, afirmando que quanto mais falarem sobre o assunto mais alívio obterão, e que o mesmo vale para seus familiares. Eles devem ser incentivados a compartilhar sua dor com aqueles que amam.

Profissionais de saúde

Os profissionais de saúde não devem colaborar com a conspiração do silêncio. Esta precisa ser desfeita com sucesso e no momento adequado, pois se permanecer afetará a relação família-paciente-equipe, causando desconfiança e descrédito.

Comunicação do diagnóstico desfavorável

ANUNCIAR UM DIAGNÓSTICO DESFAVORÁVEL é uma tarefa difícil. Não existem fórmulas para dar uma má notícia, mas é pertinente fazer uso de algumas estratégias para facilitar a comunicação do diagnóstico.

› Não utilize a mesma técnica para todos os pacientes, pois cada ser humano tem características próprias e uma história de vida única. Antes de dar uma má notícia, é importante conhecer a estrutura emocional do paciente e como ele tem reagido em situações adversas. Segundo a literatura, aquele que recebe o diagnóstico de uma doença incurável reage da mesma maneira como reagiu em momentos difíceis da vida.

> Pergunte ao paciente o que ele sabe sobre a doença. Procure perceber o que ele sabe, o que gostaria de saber e o que pensa sobre seu estado de saúde.
> Dê ao paciente a oportunidade de tirar dúvidas. Os médicos passam grande parte do tempo falando sem ouvir, e assim perdem a chance de fornecer o diagnóstico. Uma pesquisa realizada na Faculdade de Medicina da Wayne State University (EUA) revelou que a maioria dos médicos interrompe os pacientes nos primeiros 18 segundos de conversa (Goleman, 1997).
> Diga "Me fale de sua preocupação" em vez de "Deixe que eu cuido disso". É comum os médicos dizerem aos seus pacientes que não precisam se preocupar, mostrando, com isso, que eles tomarão as rédeas do caso. Agindo assim, deixam de ouvir preocupações e reclamações que serão importantes para a adequação do tratamento.
> Evite termos técnicos. Utilize uma linguagem simples, clara e objetiva. Os termos técnicos dificultam a comunicação com o paciente.
> Dê as informações aos poucos, respeitando o momento do paciente. Estudos comprovam que o paciente prefere que a verdade seja dita de modo suave. Sempre que possível, torne as frases mais brandas. Não é adequado, a princípio, dizer: "Você está com câncer" ou "Não tem tratamento". Opte por: "Os exames indicam que é uma forma de câncer"; "Parece

que você não está reagindo bem ao tratamento". Dessa forma, os doentes vão percebendo que a situação não está boa e, quando receberem o diagnóstico, este não será tão assustador. As consultas são tão rápidas que os médicos, muitas vezes, demonstram não ter tempo a perder com o ser humano que se encontra à sua frente.

> Sente-se a fim de mostrar que você tem tempo!
> Após um diagnóstico desfavorável, a pessoa necessita de apoio. Não basta simplesmente dar a notícia e ir embora. Espere, observe, conceda tempo ao paciente e não deixe de investigar como ele está reagindo às informações. Verifique se ele tem algo a dizer.
> **Chorar alivia as tensões.** Muitas vezes, quando o paciente recebe o diagnóstico, começa a chorar, sendo bastante comum o médico, com a melhor das intenções, dizer a ele que não chore. O choro também é uma maneira de expressar sentimentos e alivia as tensões.
> **Reconheça os próprios sentimentos.** Aprender a não ficar ansioso no momento de dar um diagnóstico desfavorável é aprender a comunicar-se melhor. Se você se sentir ansioso, adie a conversa com o paciente.
> Ao encerrar a consulta, marque um retorno, pois essa é uma forma de continuar a prestar apoio. O retorno dará ao paciente segurança e sensação de proteção, diminuindo sua ansiedade. Em geral, devido a um desequilíbrio emocional e cognitivo, a capacidade de assimilação do paciente fica reduzida logo depois de tomar ciência do diagnóstico, impedindo-o de assimilar todas as informações. Depois de algumas horas ou de alguns dias, ele poderá sentir necessidade de fazer perguntas e tirar dúvidas sobre a doença.

LEMBRE-SE

Comunicar um diagnóstico desfavorável é uma arte, por isso é preciso tempo.

É adequado dizer aos pacientes e à família que existe um tempo limitado de vida?

NÃO! O PACIENTE SÓ se torna terminal quando não reage mais ao tratamento, tendo, em média, sobrevida menor ou igual a seis meses. Esses dados têm importância estatística, mas é aconselhável não falar em um prazo. Dar limites é irreal.

A família geralmente quer saber quanto tempo seu ente querido vai viver, mas é preciso aprender a lidar com a incerteza e a dúvida. A função dos profissionais é acompanhar pacientes e familiares nesse processo, dizendo-lhes que não estarão sozinhos e que tudo será feito para melhorar a qualidade de vida de todos.

O paciente está morrendo... O que fazer?

PARA QUE CONSIGAM EXPRESSAR a própria dor, os pacientes necessitam de profissionais que compreendam seus sentimentos, que escutem e acompanhem sistematicamente o processo de morrer, oferecendo acolhimento, apoio e encorajamento. O que ajuda pacientes e familiares a suportar o que estão vivenciando são as expressões de atenção, amor, carinho e, às vezes, até sorrisos.

Certa vez, deparamos com um doente grave na sala de emergência do hospital. Acompanhado da esposa, ele estava muito debilitado e expressava tristeza, dor e sofrimento. Chegamos perto dele, olhamos em seus olhos, demos bom-dia, sorrimos e nos encaminhamos para um atendimento. Quando retornamos, a esposa do doente nos chamou e disse: "Meu marido me pediu para dizer a vocês que aquele sorriso que ele recebeu foi muito bom. Ele pediu para vocês continuarem com esse gesto, pois o sorriso de vocês deu-lhe forças para suportar tanto sofrimento. Ele sentiu conforto em saber que aqui havia profissionais sensíveis a ponto de perceber que o doente não precisa só de remédio, mas também de presença, carinho e respeito".

A família deve ser informada das alterações físicas, cognitivas e emocionais dos pacientes que estão perto de morrer. Deve ser preparada para lidar inclusive com a perda da habilidade de comunicar do doente. Por isso é importante encorajar os familiares a expressar sentimentos que antes não foram desvelados. Vejamos um exemplo.

Certa paciente terminal recebia apoio do esposo, dos filhos e dos parentes, com exceção da filha adolescente. Esta nunca visitara a mãe no hospital. Os familiares e a própria doente estavam indignados com seu comportamento. Depois de colhermos algumas informações, descobrimos que a jovem sempre fora boa filha, mas desde que recebera o diagnóstico da doença da mãe se afastara de todos, tendo inclusive saído de casa.

No dia em que ficou sabendo que a mãe estava morrendo, a jovem nos procurou. Disse que queria muito dar explicações, mas que já sabia que a mãe estava mal e não podia ouvi-la. Quando dissemos que o último sentido a desaparecer quando a pessoa está morrendo é a audição, ela se entusiasmou e pediu para visitar a mãe sozinha, pois tinha medo do julgamento da família. Providenciamos o encontro e explicamos à paciente o que estava acontecendo, pedindo que ela piscasse se estivesse nos ouvindo. Ela piscou. A filha abraçou a mãe, chorou, disse que a amava. Explicou que não a visitava porque não suportava vê-la sofrer, ficando o tempo todo na rua para se afastar daquela situação. Não se sentia preparada para ajudá-la. Segurando a mão da mãe, a adolescente pediu perdão. Enquanto a mãe ouvia a filha, lágrimas escorriam de seus olhos, e de repente ela apertou a mão da jovem. Nesse momento, os familiares, que estavam na sala ao lado e ouviam toda a conversa entraram no quarto. Todos se abraçaram e pediram perdão à moça por tê-la julgado mal. Quatro horas depois, a paciente faleceu.

Observamos quanto foi importante para a paciente, a filha e os outros familiares expressar seus sentimentos, poder resolver conflitos familiares e ter tempo para a despedida.

Outro exemplo foi o de um senhor de 82 anos que sofria de um câncer muito agressivo. Ele esperava a visita das sobrinhas, que moravam no exterior. Como elas não podiam vir para o Brasil, foram orientadas a dizer o que gostariam pelo telefone. Com autorização do médico responsável pelo paciente, marcamos dia e hora para a conversa. O paciente também foi avisado. O telefone tocou e foi colocado bem próximo do ouvido do idoso, que estava em coma havia alguns dias. As sobrinhas disseram tudo que queriam. Despediram-se, agradeceram-no, explicaram que, embora estivessem muito sentidas com a situação, ficariam bem. Notamos nitidamente uma expressão de emoção do paciente. Alguns dias depois ele faleceu.

Diante desses exemplos, consideramos importante salientar o pensamento de Longaker (1998, p. 170):

> Uma das coisas mais curativas e tranquilizadoras que podem acontecer antes da morte é a pessoa moribunda e seus entes queridos expressarem verbalmente "Eu amo você". Quando uma pessoa foi muito contida na expressão desse sentimento

durante sua vida, sua coragem de verbalizar seu amor pela última vez antes de morrer pode fazer toda a diferença do mundo para aqueles que continuarão vivos.

Como ajudar alguém que está morrendo?

> Aprenda a ouvir o paciente e a trabalhar com ele usando o que ele diz.
> Fique em sua presença com o coração aberto, deixando espaço para que as coisas possam acontecer.
> Se o doente perguntar o que está acontecendo, responda com toda a sinceridade, mas tenha o cuidado de não destruir suas esperanças.
> Seja honesto para que o paciente confie em você.
> Se o doente deseja negar o fato de que está morrendo, é um direito que lhe cabe. A negação é um mecanismo de defesa utilizado para suportar a situação.

Como proceder no pós-óbito?

O PÓS-ÓBITO IMEDIATO É aquele que ocorre logo após a morte. Quando o paciente acaba de morrer e seus familiares estão no hospital, é comum que chorem alto, gritem, chamem pelo morto, recusem-se a acreditar no que está acontecendo (fase do entorpecimento), sintam-se desorientados e tenham dificuldade de resolver questões práticas do funeral.

Existem, também, familiares que tratam os profissionais de saúde com raiva e agressividade. Em geral, essas pessoas são as que menos acompanharam o tratamento do falecido. Olino (1997) assim explica essa atitude: os parentes que mais se desesperam estão carregados de remorso e de culpa, e procuram encontrar o responsável pela indiferença, frieza e descaso com o morto.

No pós-óbito imediato, a equipe deverá dar apoio aos familiares, respeitar os sentimentos apresentados e ficar ao lado deles, promovendo uma escuta ativa. Muitas vezes é necessário aconselhá-los a procurar outro familiar que esteja emocionalmente mais preparado para resolver assuntos burocráticos. Esses pequenos gestos de atenção são bastante significativos para os enlutados num momento tão doloroso e difícil – em especial porque muitos membros da equipe de saúde se distanciam.

Assim, os profissionais que tratavam diretamente do doente devem continuar em contato com seus familiares por alguns dias a fim de observar se estão seguindo um processo de luto normal. Se apresentarem depressão prolongada, ideias suicidas, novas fobias, descuido com a própria saúde ou com a saúde dos filhos, isolamento acentuado ou negação contínua após a morte, eles devem ser encaminhados a um psiquiatra ou psicólogo.

As fases do luto

É FUNDAMENTAL QUE OS profissionais que lidam com a morte identifiquem as fases do luto para dar assistência necessária e adequada aos enlutados.

Bowlby (1993) observou que os enlutados em geral passam por quatro fases, nem sempre bem delineadas: entorpecimento; anseio; desorganização e desespero; e reorganização.

Primeira fase: entorpecimento

É quando a pessoa nega-se a entender o que aconteceu, vivendo em torpor (aparência de não ter sido afetada) e descrença.

Trata-se de um estado de choque que dura de algumas horas a semanas. Essa reação pode ser interrompida por crises de raiva ou desespero. São comuns frases como: "Parece um sonho" e "Não posso acreditar". Podem ocorrer sintomas somáticos como rigidez no pescoço, sensação de vazio no estômago, ânsia de vômito e outros.

Segunda fase: anseio

O comportamento de anseio é o momento da busca da pessoa perdida. Essa fase dura alguns meses e, por vezes, anos. As pessoas confundem desconhecidos com o falecido, mostram-se retraídas e inativas e sentem bastante raiva. Estão presentes fortes emoções e agitação física. O enlutado percorre a casa o tempo todo buscando o falecido; lembra-se dele sem cessar; fica sensível a qualquer barulho que lembra a pessoa morta, ouvindo passos e chamados; volta a atenção para lugares que a pessoa gostava de frequentar; chama por ela. Uma frase comum desse estágio é: "Estou vendo o falecido andando nas ruas!"

Terceira fase: desorganização e desespero

O sentimento de desorganização e desespero surge quando a realidade é assimilada. A pessoa sente apatia e depressão, como se o mundo estivesse fora de contexto. Deixa de procurar pela pessoa morta, pois compreende que ela não mais vai voltar. Essa é considerada a fase mais difícil. O enlutado se afasta das pessoas e perde o interesse por qualquer atividade, apresentando ainda dificuldade de concentração e dores de cabeça, no corpo, na nuca e outros sintomas somáticos.

Quarta fase: reorganização

Dá-se quando o falecido passa a ser lembrado saudosamente e o enlutado retoma suas atividades diárias. O sofrimento da perda já diminuiu, o que permite novas relações afetivas, e a sociabilidade melhora, sendo possível reinvestir energia em outros projetos: "Estou namorando e vou me casar!"

A quarta fase se inicia com o processo de recuperação. Os sentimentos se tornam mais positivos e menos devastadores. Fica mais fácil aceitar mudanças e pode surgir uma nova identidade. O enlutado busca reatar laços antigos e fazer novas amizades. Por outro lado, a recorrência dos sintomas é comum, pois o processo de reorganização ainda está em andamento. Os sintomas aparecem em datas especiais. Por isso, o fenômeno é conhecido como "reação de aniversário".

LEMBRE-SE

A passagem por essas fases varia de pessoa para pessoa, tendendo as manifestações aqui retratadas a diminuir com o tempo.

Os enlutados devem ser medicados?

O USO DE MEDICAMENTOS só é recomendado quando o enlutado sofre de uma moléstia que ponha sua vida em risco, como doença cardíaca e hipertensão, ou apresenta um distúrbio psiquiátrico, como depressão e transtornos de ansiedade. Os enlutados devem tomar o medicamento de costume recomendado pelo médico de sua confiança. Medicar o enlutado para que ele não sofra adia o processo de luto.

Segundo Deits (2001), ser medicado frequentemente faz mais mal do que bem. A medicação pode perturbar a consciência, provocar confusão e inibir o progresso da recuperação da dor. Porém, a medicação é necessária em caso de depressão ou ansiedade extremas.

Não há razão para receitar tranquilizantes ou antidepressivos de forma rotineira aos familiares dos falecidos. Esses psicofármacos deveriam ficar restritos a determinados transtornos mentais e aos indivíduos que, apesar de todos os esforços realizados para ajudá-los, permanecem no estado de agitação, depressiva crônica, tendo um longo luto.

Segundo Worden (1998), a medicação deve ser utilizada de forma espaçada e enfocando a ansiedade ou a insônia, em oposição ao alívio dos sintomas depressivos. O autor ainda enfatiza que os antidepressivos levam muito tempo para agir e raramente atenuam sintomas do luto normal.

Cuidando do cuidador

Os CUIDADORES SOMOS TODOS nós, profissionais de saúde, que acompanhamos pacientes que estão enfrentando uma doença. Médicos, enfermeiros, técnicos de enfermagem, psicólogos, fisioterapeutas etc. têm o direito e o dever de expressar sentimentos e de se permitir emocionar-se quando os pacientes morrem. Não devemos ter medo de mostrar o que sentimos e se o fizermos não deixaremos de ser bons profissionais. É humano compartilhar a dor da perda com os familiares do paciente, em especial no caso de doentes crônicos, pois construímos durante o tratamento uma relação afetiva com eles e com sua família.

Porém, embora seja saudável expressar nossa dor, controlar as emoções é fundamental para que os familiares se sintam apoiados. Em geral, eles ficam muito gratos por aquele membro da equipe que se aproxima com lágrimas nos olhos após a morte do paciente. Trata-se, para eles, de uma demonstração de afeto para com seu ente querido.

Nós, cuidadores, também necessitamos de cuidados, pois vivenciamos situações de estresse prolongado. Convivemos dia após dia com a perda, a dor e o sofrimento dos pacientes e das famílias; enfrentamos nossa impotência, a frustração pelos sonhos não realizados (cura do paciente) e a falta de perspectiva de futuro. Tudo isso gera um luto que, se não for adequadamente elaborado, pode desencadear depressão, ansiedade, ideias suicidas, abuso de álcool e de outras drogas, problemas de relacionamento etc.

É fundamental ter apoio da equipe e de amigos para expressar nossos sentimentos diante da perda dos pacientes. Também é imprescindível nos permitirmos chorar, lamentar e, assim, refletir sobre nossa atuação e a finitude do ser humano.

Para oferecermos assistência adequada àqueles que estão encarando a perda, precisamos antes entender o significado da nossa vida, curar nossos relacionamentos interpessoais e intrapessoais, aprender a transformar nosso sofrimento e a nos preparar espiritualmente para a morte.

Assim, LeShan (1992) recomenda a todos os profissionais de saúde – em especial médicos e psicólogos – que trabalham com pacientes terminais fazer terapia para ao menos conhecer melhor seus verdadeiros sentimentos, evitando assim prejudicar as pessoas que estão tentando ajudar.

Salientamos que nós, cuidadores, que lidamos todo dia com a morte e a perda, precisamos estar emocionalmente preparados para dar suporte ao sofrimento no contexto hospitalar.

Como manejar o luto no contexto hospitalar

Oferecemos a seguir algumas sugestões para proporcionar apoio e assistência aos funcionários das instituições hospitalares.

Nível individual

> Fale sobre a perda de seus pacientes e dos seus sentimentos sobre a morte.
> Dedique um tempo para perceber suas emoções diante da perda e respeitar o processo de luto.
> Cuide da alimentação, tenha um sono regular, faça exercícios físicos e se dedique a momentos de lazer para renovar a energia.
> Analise suas reações ante a perda e reflita sobre elas.
> Compartilhe sentimentos, conflitos, dificuldades e frustrações com os colegas de trabalho.
> Se sentir necessidade, procure ajuda de um profissional especializado em luto.

Nível institucional

> As instituições devem analisar cada caso em particular e dar mais apoio aos profissionais que trabalham com pacientes terminais, pois eles têm uma sobrecarga emocional maior.
> É preciso ter flexibilidade institucional, como abono de falta por luto na família dos funcionários.
> Os funcionários devem ter espaço e tempo para discutir medos, frustrações e ansiedades diante da perda de seus pacientes. Esses encontros deverão cobrir algumas necessidades emocionais e de companheirismo.
> É interessante criar programas regulares de orientação sobre morte e luto que incluam todos os funcionários – equipe

médica, enfermeiros, psicólogos, funcionários da limpeza, gestores e diretoria. Com isso, o profissional se sentirá apoiado e aprenderá mais sobre a perda.

> Uma atmosfera de fé e respeito recíproco permite compartilhar sentimentos e experiências.

Vejamos o depoimento de uma auxiliar de enfermagem que lida diariamente com a morte:

Lidar com sentimentos humanos não é nada fácil, principalmente quando sua vida está no fim. Já tive contato com pacientes que agarravam meus braços a ponto de machucá-los, pedindo para não deixá-los morrer, mas infelizmente não depende de mim, vai muito dos cuidados e do preparo do médico assistente [...]

As pessoas pensam que não temos sentimentos (às vezes nos tornamos um pouco insensíveis), mas eu expresso o meu ao preparar o corpo, gosto de dar banho, enxugar, para depois começar a tamponá-los. Às vezes, uso pinça, mas prefiro usar as mãos. Após a tamponação, penteio o cabelo. E se for mulher faço trança ou então coque. Ao vesti-los, gosto de fazer como se estivessem vivos. Coloco calcinha, sutiã, cueca, visto as roupas completas.

Não gosto de tamponar crianças, meu Deus, como é difícil arrumar crianças, e quando elas estão prontas chamo a família. Essa é a pior parte. Tive de contar a uma mãezinha que seu filhinho de 2 anos, 11 meses e 29 dias tinha morrido. Ela começou a gritar: "Meu Senhor Jesus, o senhor já tem tantos anjinhos e eu só tenho este. Deixe ele comigo!" Ela ficava o tempo todo gritando essas palavras. No dia seguinte seria a festa de aniversário dele (já estava tudo preparado), mas infelizmente não houve comemoração.

Ao chegar em casa, eu peguei minha filha, a abracei bem apertado (sempre faço isso quando morre criança), disse que a amava muito e agradeci a Deus por ela estar viva. Quando morre alguém, a gente se sente vazia por não ter conseguido ajudar. Trabalho com o corpo, fico trancada em uma sala pequena e escura para prepará-los (capela), faço tudo com muito gosto, não tenho medo nem nojo de prepará-los. Tanto faz ser corpo limpo ou sujo, fétido ou não, trato todos da mesma maneira desde o primeiro corpo que arrumei, que foi a da minha avó, quando eu tinha 16 anos. Na noite em que ela morreu, não havia ninguém no hospital para vesti-la. Eles perguntaram se havia alguém da família para fazê-lo e eu fui [...].

Arrumo todos os corpos como arrumei o da minha avó. Até escrever este texto, eu não tinha percebido isso, só então fui analisando os fatos e vi que faço do mesmo jeito [...].

Realmente não é fácil lidar com o corpo após a morte nem com a família.

REFLEXÃO

Diante desse relato, é importante lembrar que todos nós temos dificuldades muitas vezes não reveladas, não expressadas e tampouco sentidas. Assim como os pacientes, nós, profissionais de saúde, também temos necessidade de desabafar, de manifestar emoções e de ser ouvidos.

Referências bibliográficas

Angerami-Camon, V. A. (org.). "E a psicologia entrou no hospital..." In: Chiattone, H. B. C. *A criança e a morte*. São Paulo: Pioneira, 2003.

Bee, H. L.; Mitchell, S. K. *A pessoa em desenvolvimento*. Trad. Jamir Martins. São Paulo: Harper&Row, 1986.

Bowlby, J. *Apego e perda. Volume 1: apego*. 2. ed. Trad. Álvaro Cabral. São Paulo: Martins Fontes, 1990 (Coleção Psicologia e Pedagogia).

_____. *Apego e perda. Volume 3: perda – tristeza e depressão*. Trad. Valtensir Dutra. São Paulo: Martins Fontes, 1993 (Coleção Psicologia e Pedagogia).

Cury, A. *Revolucione sua qualidade de vida: navegando nas águas da emoção*. Rio de Janeiro: Sextante, 2002.

D'Assumpção, E. A. *Os que partem, os que ficam*. 7. ed. Petrópolis: Vozes, 2001.

Deits, B. *A vida depois da perda*. Algés: Livro de Vida, 2001.

Dobson, J. *A criança voluntariosa*. São Paulo: Vida, 1981.

Gauderer, C. E. *Os direitos do paciente: um manual de sobrevivência*. São Paulo: Círculo do Livro, 1991.

Goleman, D.; Gurin, J. *Equilíbrio mente/corpo: como usar sua mente para uma saúde melhor*. Trad. Ana Beatriz Rodrigues e Priscilla Martins Celeste. Rio de Janeiro: Campus, 1997.

Grollman, E. A. *Alguém que eu amava morreu*. Belo Horizonte: Crescer, 2005.

Kaplan, H. I.; Sadock, B. J. *Compêndio de psiquiatria dinâmica*. Trad. Helena Mascarenhas de Souza. Porto Alegre: Artes Médicas, 1997.

Kübler-Ross, E. *Sobre a morte e o morrer*. 8. ed. São Paulo: Martins Fontes, 1998.

Kübber-Ross, E.; Kessler, D. *Os segredos da vida*. 21. ed. Rio de Janeiro: Sextante, 2004.

LeShan, L. *O câncer como ponto de mutação*. 3. ed. São Paulo: Summus, 1992.

Littoral, R. *Luto de criança*. Trad. Dulce Duque Estrada. Rio de Janeiro: Companhia de Freud, 1999.

Longaker, C. *Esperança diante da morte: preparando espiritualmente a partida*. Trad. Pedro Ribeiro. Rio de Janeiro: Rocco, 1998.

Mazorra, L. S. *A criança e o luto: vivências fantasmáticas diante da morte do genitor*. Dissertação (mestrado em Psicologia) – Pontifícia Universidade Católica de São Paulo, São Paulo (SP), 2001.

Olino, R. *Luto: uma dor perdida no tempo*. Rio de Janeiro: Vinde, 1997.

Pangrazzi, A. *Conversando com a perda de uma pessoa querida*. Trad. Floriano Tescarolo. São Paulo: Paulinas, 1998.

Parkes, C. M. *Luto: estudos da perda na vida adulta*. Trad. Maria Helena Pereira Franco. São Paulo: Summus, 1998.

Perls, F.; Hefferline, R.; Goodman, P. *Gestalt-terapia*. 2. ed. São Paulo: Summus, 1998.

Raimbault, G. *A criança e a morte: crianças doentes falam da morte – Problemas da clínica do luto*. Trad. Roberto Cortês Lacerda. Rio de Janeiro: Francisco Alves, 1979.

Rittner, M. *Aprendendo a dizer adeus: quando a morte machuca o seu coração*. Trad. Liliana da Silva Lopes. São Paulo: Planeta, 2004.

Rossi, M. A. *Autocontrole: nova maneira de controlar o estresse*. 3. ed. Rio de Janeiro: Rosa dos Tempos, 1991.

Tavares, C. R. (org.). *Do luto à luta*. Belo Horizonte: Casa de Minas, 2001.

Viorst, J. *Perdas necessárias*. 22. ed. São Paulo: Melhoramentos, 2001.

Walsh, W.; McGoldrick, M. *Morte na família: sobrevivendo às perdas*. Trad. Cláudia Oliveira Dornelles. Porto Alegre: Artmed, 1998.

Worden, J. W. *Terapia do luto: um manual para o profissional de saúde mental*. Trad. Max Brener e Maria Rita Hofmeister. 2 ed. Porto Alegre: Artes Médicas, 1998.

Sugestões de leitura

ARIÉS, P. *História da morte no Ocidente.* Rio de Janeiro: Ediouro, 2003.

BROMBERG, M. H. P. F.; KOVÁCS, M. M. M. J.; CARVALHO, V. A. (orgs.). *Vida e morte: laços de existência.* São Paulo: Casa do Psicólogo, 1996.

FREITAS, N. K. *Luto materno e psicoterapia breve.* São Paulo: Summus, 2000.

KOVÁCS, M. J. *Educação para a morte: temas e reflexão.* São Paulo: Casa do Psicólogo, 2003.

KÜBLER-ROSS, E. *O túnel e a luz: reflexões essenciais sobre a vida e a morte.* Campinas: Verus, 2003.

MARKHAM, U. *Luto – Esclarecendo suas dúvidas.* São Paulo: Ágora, 2000.

Agradecimentos

A DEUS, POR nos ter dado a luz, a criatividade e a sabedoria durante toda a nossa produção. Ao meu esposo, Gumercindo Soares, por me apoiar e criar um espaço no qual pudemos sentar e escrever. Às minhas filhas, Thaylise e Isadora, pela força, pelo estímulo e pelo carinho demonstrados diariamente. Agradeço a meus familiares, amigos e colegas de trabalho pelo apreço e incentivo constantes.

Ao dr. Luiz Onofre Carvalho, renomado médico oncologista que contribuiu para a edição deste livro.

A Carlos e Andréia Ramos, que responderam um "sim" imediato quando informados da ideia e prontamente contribuíram para que este livro se tornasse realidade.

EDIRRAH GORETT

SOU ETERNAMENTE GRATA à professora, supervisora e colega Edirrah Gorett Bucar Soares pelo apoio e pela confiança de compartilhar suas experiências comigo. Quero agradecer por nossos encontros semanais, que me proporcionaram apoio e estímulo intelectual. Ao meu marido, Fernando, e a meus filhos, Bárbara, Fernando e Sara, pela compreensão da minha ausência, como esposa e mãe, nas noites de estudos.

MARIA APARECIDA

Homenagem especial

AO PROF. DR. RICARDO WERNER SEBASTIANI, por quem temos profunda admiração como profissional e grande ser humano que é, por ter dedicado seu precioso tempo à leitura desta obra.

À profa. dra. Maria Helena P. Franco, pioneira no Brasil em trabalhos sobre luto, que tanto nos ajudou a aperfeiçoar a expressão de nossas ideias na construção desta obra.

leia também

LUTO
Ursula Markham

Todos nós, mais cedo ou mais tarde, vamos ter de lidar com a perda de alguma pessoa querida. Alguns enfrentarão o luto com sabedoria inata; outros, encontrarão dificuldades em retomar suas vidas. Este livro ajuda o leitor a entender os estágios do luto, principalmente nos casos mais difíceis como os das crianças enlutadas, a perda de um filho ou, ainda, os casos de suicídio.
REF. 20712   ISBN 85-7183-712-0

AMOR E PERDA
As Raízes do Luto e suas Complicações
Colin Murray Parkes

Amor e luto são duas faces da mesma moeda: não podemos amar sem temer a perda do ser amado. Neste livro, Colin Parkes traz uma nova visão sobre o apego, o amor e o luto. Ele aborda a perda de pais, filhos ou cônjuges na vida adulta, explica o mecanismo de isolamento por que passam os enlutados e mostra maneiras de oferecer apoio. Leitura imprescindível para estudantes e profissionais das áreas de psicologia, psiquiatria e sociologia.
REF. 10499   ISBN 978-85-323-0499-5

LUTO
Estudos sobre a Perda na Vida Adulta
Colin Murray Parkes

Neste livro, o autor desenvolve novas e atualizadas teorias que ajudam a entender as raízes do pesar e do sofrimento causados pelo luto. Baseado na sua experiência clínica, apresenta propostas concretas para minimizar os efeitos emocionais e psicológicos da perda. Indicado para médicos, clérigos, psicólogos, advogados e para quem se interessa em entender melhor essa situação emocional.
REF. 10639   ISBN 978-85-323-0639-5